强"基"·"筑"魂

2024年教育部直属高校基建管理案例集

本书编委会 / 主编

同济大学出版社
TONGJI UNIVERSITY PRESS
·上海·

图书在版编目（CIP）数据

强"基"·"筑"魂：2024年教育部直属高校基建管理案例集 / 本书编委会主编. -- 上海：同济大学出版社，2024.11. -- ISBN 978-7-5765-1268-7

Ⅰ.G647.6

中国国家版本馆CIP数据核字第20248704JT号

强"基"·"筑"魂
——2024年教育部直属高校基建管理案例集

本书编委会　主编

责任编辑　熊磊丽
责任校对　徐春莲
封面设计　王　翔

出版发行　同济大学出版社　www.tongjipress.com.cn
　　　　　（地址：上海市四平路1239号　邮编：200092　电话：021-65985622）
经　　销　全国各地新华书店、网络书店
印　　刷　上海安枫印务有限公司
开　　本　787mm×1092mm　1/16
印　　张　21.5
字　　数　326 000
版　　次　2024年11月第1版
印　　次　2024年11月第1次印刷
书　　号　ISBN 978-7-5765-1268-7
定　　价　100.00元

本书若有印装质量问题，请向本社发行部调换　　　版权所有　　侵权必究

本书编委会

主　　编：石振明

副 主 编：印小晶

编委会成员：（以姓氏笔画为序）

王云博	王兴刚	王甫银	王森波	仇安兵	方　俊
孔明亮	石振明	卢　博	田维斌	印小晶	匡　磊
有祥君	刘月波	刘丽姝	刘秀国	刘育生	苏登山
李　丽	李　翔	李　睿	李卫国	李云峰	李长峰
李华君	李国成	李堂荣	杨　林	杨　震	杨国豪
邹新军	沈　彬	宋亚林	张　锐	张衍泽	张新生
陆星吉	陈　红	范　凡	欧文军	金　畅	周　林
周韶伟	房俊东	赵秀国	胡建昌	战永亮	栗文革
倪　健	徐　放	高　龙	高　超	高丽亚	鄂义强
符　强	盖世杰	彭剑斌	董　光	董　岩	董玉国
董伟明	程　栋	游金彪	满　达		

前言

基本建设是高校事业发展的基础性工程,是落实立德树人根本任务的坚实保障,对于加快建设高质量教育体系、办好人民满意的教育具有重要意义。党的十八大以来,教育部会同国家发展改革委、财政部,以加快推进教育现代化、建设教育强国为引领,精心绘制教育基建事业发展蓝图,扎实推进直属高校基建工作,基础设施供给能力不断增强,教育发展环境持续优化。教育部直属高校有力推进基础设施和校园文化建设,着力加强基建规范化管理,基本办学条件显著改善,师生幸福感获得感不断提升,在服务国家重大战略、引领高等教育高质量发展等方面有效发挥示范带头作用。

迈上加快建设教育强国新征程,立足教育科技人才三位一体战略布局,直属高校基建保障高等教育提质扩容、支撑高质量人才引育、高水平科技自立自强的重要性更加凸显。为深入贯彻落实党的二十大精神,充分挖掘高校基建管理工作典型经验,教育部各直属高校围绕党风廉政、三全育人、制度建设、校园建设、设计管理、工程管理、投资控制、校地合作、绿色技术、信息技术等方面凝练工作思路和创新举措,全面反映近年来高校基建管理的生动实践和工作成效,为纵深推进直属高校基本建设规范化管理、高效化运行提供新鲜经验和有益参考,有力拓展高校基建管理工作创新路径,接续书写以高质量基建供给助推教育高质量发展的崭新篇章。

目 录

前 言

党风廉政

坚持党建引领基建、党建基建一体化建设　加强党对基本建设工作的全面领导
/ 中国人民大学 3

推动参建各方党建联建　保障教育发展大楼建设高质量推进
/ 华东师范大学 6

找准廉政风险点　筑牢廉政风险防火墙
/ 东北师范大学 11

构建廉政防控体系　保障基建管理运行
/ 武汉理工大学 15

健全基建工程领域廉政风险防控体系　促进基建工作健康发展
/ 西安电子科技大学 19

三全育人

深入落实立德树人根本任务　全力推进建设育人
/ 北京化工大学 25

三项并举育英才　三全育人绘蓝图
/ 同济大学 30

以人为本　打造良好育人环境
/ 湖南大学 36

制度建设

线上线下联动"双保险" 筑牢基建内控"生命线"
/ 北京化工大学 / 43

基于风险管理的基建项目内控体系构建
/ 中国地质大学（武汉）/ 47

加强基建管理规范化建设 构建基建精细化治理体系
/ 东北大学 / 53

以制度体系完备助力建设项目高效运转
/ 南开大学 / 57

以标准和制度为依托 建立以技术为牵引的规范化基建管理模式
/ 大连理工大学 / 61

强化监督机制下有效配合的内外部联动管理体系建设
/ 北京邮电大学 / 66

分工负责 部门联动 提高工程管理效益
/ 北京中医药大学 / 70

校园建设

科学编制校园规划 探索规划实施路径
/ 清华大学 / 77

坚持规划先行 建设"世界一流、北京最美、独具风格、人大气派"的新时代示范校园
/ 中国人民大学 / 81

导则引领 规划控制 协同建设
——南京大学苏州校区规划建设实践
/ 南京大学 / 85

做好校园规划及建设导则编制管理工作 保障西海岸校区建设稳步推进
/ 中国海洋大学 / 89

四方共建 一流标准 高质量完成广州国际校区建设
/ 华南理工大学 / 95

主动服务国家重大战略和区域发展　做好直属高校科研楼宇项目储备和前期设计

/ 复旦大学 / ……………100

中国大学校园土地集约化利用探索
——华中师范大学拆旧建新的途径

/ 华中师范大学 / ……………104

设计管理

精心规划设计、统筹谋划实施综合极端条件实验装置项目

/ 吉林大学 / ……………109

提升项目设计质量　助力校园建设高质量发展

/ 重庆大学 / ……………112

实施方案优选机制　打造校园重点特色项目

/ 四川大学 / ……………117

基于多学科交叉融合研究背景下的高校新型科研建筑设计与实施

/ 西北农林科技大学 / ……………122

建设项目设计导则在项目全过程管理中的应用

/ 兰州大学 / ……………128

工程管理

以需求为基　建教育广厦　浅谈基建实践管理

/ 北京师范大学 / ……………135

创新基建管理模式　促进基建工作提质增效

/ 华中科技大学 / ……………142

优化资源利用体系　从源头上提高基本建设管理水平
——西南大学积极探索基建高质量发展路径

/ 西南大学 / ……………146

高校基本建设项目采用委托代建模式的实践研究

/ 中山大学 / ……………151

积极探索新模式　促进学校基本建设高质量发展
——设计施工总承包建设模式探索
/ 武汉大学 /……………………155

深度参与　做好高校基建 EPC 工程总承包模式下的风险防控
/ 华中农业大学 /……………………160

高校基本建设项目采用 EPC 工程总承包模式的实践研究
/ 中山大学 /……………………163

新时代背景下高校图书馆建设管理创新探索
——以中国农业大学新图书馆项目为例
/ 中国农业大学 /……………………167

以师生需求为导向　优化校园空间立体布局
——以华北电力大学体育中心项目为例
/ 华北电力大学 /……………………173

弘扬艰苦奋斗精神　践行初心使命担当　以人为本推进学生公寓建设
/ 东北林业大学 /……………………179

提前谋划抓推进　主动管理求实效
——厦门大学积极探索基建项目管理新举措
/ 厦门大学 /……………………183

高校基本建设效益保障机制
——以长安大学渭水校区 21 号学生公寓为例
/ 长安大学 /……………………187

复杂环境条件下基建项目管理模式探索
/ 同济大学 /……………………191

聚焦复合材料协同创新大楼实践　探索高校实验室建设标准化之路
/ 东华大学 /……………………196

创新管理模式　助力科技攻关
——山东大学新一代半导体研发中心项目建设启示
/ 山东大学 /……………………201

坚持科学规划引领推动项目高质量建设
——以化工材料科技创新平台项目为例
/ 天津大学 /......205

创新举措　加强基本建设管理
/ 中央戏剧学院 /......209

"三个一流"导航　医学院综合楼项目拔蕊怒放
/ 华南理工大学 /......214

投资控制

基本建设项目过程投资控制
/ 西南财经大学 /......223

"四个彻底"实现全过程投资控制
/ 陕西师范大学 /......227

"三编一审"模式　夯实投资控制基座
/ 华东理工大学 /......232

实行"两编一审"制度　夯实投资控制基础
/ 江南大学 /......236

EPC 工程总承包项目招标造价控制与管理创新
——以创新创业大楼项目为例
/ 中南财经政法大学 /......239

抓实限额设计　有效控制工程造价
/ 华中农业大学 /......244

以加强工程变更管理为抓手　切实提高项目施工阶段投资控制和风险防控能力
/ 西南交通大学 /......248

多措并举　规范、及时、准确办理竣工财务决算
/ 中国矿业大学 /......252

校地合作

基建创新重实践　融合发展建新功
/ 东南大学 /……………259

全力争取地方政府支持　助力学校建设高质量发展
/ 中国石油大学（华东）/……263

校地深入合作　助力"双一流"高校基本建设高质量发展
/ 电子科技大学 /……………267

绿色技术

贯彻新发展理念　打造绿色低碳示范校园
/ 北京化工大学 /……………273

立足绿色低碳发展　建设精致绿色校园
/ 北京林业大学 /……………279

以绿色生产理念建设一流大学食堂
——餐饮综合楼建设中的绿色设计和绿色施工管理
/ 北京大学 /……………284

绿色低碳理念在高校建筑中的应用
——以学生宿舍项目为例
/ 中国政法大学 /……………288

信息技术

以智能化管理系统规范基建管理全过程　助力高校基建项目管理跃迁
/ 上海交通大学 /……………297

基建项目管理数字化转型探索
——基于建设过程内部控制的视野
/ 上海财经大学 /……………305

探索基建管理新模式　提速增效促建设
/ 西安交通大学 /……………310

科技赋能地下管线管理　助力数字化校园建设
/ 华东理工大学 /····················320

BIM 技术在基本建设管理中的应用与探索
——以工程实践基地（二期）项目为例
/ 北京科技大学 /····················324

党风廉政

坚持党建引领基建、党建基建一体化建设 加强党对基本建设工作的全面领导

中国人民大学

立足新征程，建功新时代，中国人民大学始终坚持党的领导，传承红色基因，赓续红色血脉，以高质量党建引领新校区高质量建设。

一、学校党委高度重视，全力推进新校区建设

始终坚持将贯彻习近平总书记关于北京城市副中心建设重要指示精神作为通州新校区建设的根本遵循，始终坚持党委对新校区建设的全面领导，始终坚持系统谋划、统筹协调、狠抓落实。学校党委以建设"世界一流、北京最美、独具风格、人大气派"的新时代示范校园为目标，把方向、管大局、做决策、保落实，全面推进新校区建设。

二、创新体制机制，设置管理机构

在新校区建设之初，学校设立新校区建设办公室承担新校区建设工作。2018年4月，学校将机关党委领导下的新校区建设办公室党支部提升为学校党委直接领导的全校第一个直属党支部，从组织机构设置上加强对新校区建设党的领导；同步派驻设立新校区建

设监审部，从组织机构上加强廉政风险防控。2022年年初，新校区建设由单一基建管理向基建与运行综合管理转变，学校成立以书记和校长任主任的通州校区建设与管理委员会，加强统筹领导。

三、完善决策程序，民主科学决策

新校区建设形成了校党委常委会、校长办公会、新校区建设专题会（通州校区建设与管理委员会办公会）、新校区建设办公室党政联席会和新校区建设直属党支部支委会分级决策的决策体系，明确了决策权限，完善了决策程序。充分发挥技术专题会、商务与合同管理专题会、专家顾问咨询会等辅助决策会议在复杂疑难、技术性强等问题上提前酝酿的作用，力争做到民主科学决策。

四、配齐配强队伍，涵养精神品格

新校区高质量建设关键靠人。学校建立了由土建、暖通、强电、智能化、给排水、造价等工程师构成的全专业基本建设管理队伍，实行甲方代表团队制管理模式，设立主责工程师、明确责任权限，从坚定理想信念、严明纪律规矩、加强作风建设、创建组织文化四个方面发力，提高建设团队廉政风险防控的自觉意识，涵养新校区建设者"忠诚、干净、担当、奉献、创新"的精神品格。

五、坚持党建引领，党建基建一体建设

党建引领基建，认真思考和回答新校区建设基建管理"为谁管""管什么""怎么管"等基本问题，坚持党建与基建管理同研究、同部署、同落实、同检查，推动同质工作类型化、采购招标规范化、合同管理标准化、风险防控日常化、廉政教育常态化，努力做到决策科学化、管理信息化、内控制度化、工作流程化、队伍专业化。

推动建成中国人民大学主题党日活动中心并常态化运行，充分发挥主题党日活动

中心的载体、窗口、平台作用，努力讲好中国共产党的故事，讲好党创办中国人民大学的故事，讲好新时代新校园建设的故事，自 2022 年 10 月建成开放，截至 2023 年 12 月已接待校内外单位 76 家共 2300 余人来开展主题党日活动，汇聚各方力量，齐心协力支持新校区建设。

六、六方主体同向发力，做好廉政风险防控

新校区建设办公室、新校区建设直属党支部、审计处（派驻新校区建设监审部审计人员）、纪检监察机构（派驻新校区建设监审部纪检监察专员）、采购与招标管理中心和财务处，分别承担内控体系建设、廉政风险防控主体责任、审计监督、纪检监督、招标采购职能监督和财务审批监督，同题共答、同向发力，形成新校区建设廉政风险防控长效机制。建立了"制度—流程—岗位说明书"内控体系。截至 2023 年 12 月，完成重点领域制度 32 项，关键环节流程 71 项，重要岗位说明书 30 个。制定《新校区建设办公室廉政风险防控实施办法》。细化直接责任者责任、分管领导责任、主要领导责任，落实"一岗双责"，紧盯"关键少数"，管住"绝大多数"。风险集中点，制度堵漏洞：针对风险较为集中的分散自行采购领域，制定《新校区建设工程服务分散自行采购实施方案》；针对专业分包和设备设施品牌考察等风险集中点，制定《新校区建设指挥部人员调研考察规定》。常态化警示教育，坚持警钟长鸣：在重点节假日前、招标采购相对集中时点及时开展警示教育和提醒谈话，每季度至少召开 1 次警示教育大会。

七、传承红色基因，建设精神家园

启动校园文化传承专项规划，传承人民大学红色基因和校园文化，将新校区的建筑单体、景观园林、雕塑小品、校内道路、各类标识等与人民大学的文化元素和红色血脉有机结合，将中国人民大学各历史阶段的光荣传统和红色记忆完整展现，努力建设好人大师生校友的精神家园。

推动参建各方党建联建
保障教育发展大楼建设高质量推进

华东师范大学

为深入贯彻落实党的二十大精神和党中央关于调查研究的决策部署，巩固高校基本建设管理实地调研成果，华东师范大学教育发展大楼项目在实施过程中，创建了"红松"党建文化品牌，形成"党建引领、组织引领、服务引领"的工作思路，有机整合了参建各方力量，将党建与业务深度融合拧成"一股绳"，努力开创工地党建新局面。

一、项目概况简介

教育发展大楼的建设是华东师范大学对接国家和上海教育发展重大战略任务，承担"建教育强国和以教育强国"责任使命的具体举措。项目启动伊始就得到了教育部、上海市人民政府和普陀区政府的大力支持，被纳入2021年普陀区经济社会发展重点建设项目。

大楼位于上海市中心普陀区中山北路校区内，总投资6.1亿元，工期目标36个月，总建筑面积约6万平方米。其紧邻上海地铁13号线和长风一村住宅小区，存在周边管线复杂、基坑开挖深度深、安全文明施工要求高以及居民协调难度大等困难。

华东师范大学教育发展大楼立面效果图

二、工作举措及成效

为切实解决教育发展大楼建设过程中存在的系列难题,学校在建设管理过程中结合项目实际,采取创新的工作举措,并取得了突出成效。

(一)强化党建引领,建立健全临时党支部

教育发展大楼项目建设开工伊始,学校就在第一时间联合上海市普陀区建管中心、长风一村居民区党总支、项目部参建单位成立了临时党支部,明确支部架构,健全班子队伍,稳步推进支部标准化建设。创建"红松"党建品牌,寓意将不屈不挠、不畏艰难、攻坚克难、迎难而上的精神融入项目建设全过程。华东师范大学高度重视通过项目推进育人工作,从思想上"树人",筑牢信仰之基;从技能上"树人",巩固干事之本。通过临时党支部,参建、监管、居委等三方携手开展共建,共同推动新形势下"党建—工

华东师范大学"红松"党建活动中心

建—团建"的融合共进，确保项目顺利推进。同时，助推青年岗位建功，培养一批思想过硬、作风扎实、技术精湛的专业骨干。项目现场高标准建设党员活动室，动态更新学习书库，筑牢学习阵地，重点推进党建与业务相融合，着力打造"四化"文化长廊；组建党员突击队、青年突击队、党员志愿服务队，亮身份、亮承诺、亮作为，在临近地铁施工、深基坑开挖、基坑围护施工、超高层吊装等重点难点工作中展现出强大的凝聚力和战斗力。本着"相互学习、互相支持、共同提高、共创共建"的原则，充分发挥党支部联建的优势互补作用，为教育发展大楼项目提供了坚强的组织保障，确保工程项目平稳、有序、安全、优质地推进。

（二）强化组织引领，推进"党建+业务"工作举措

学校坚持紧扣工程实际，充分发挥党组织"统揽全局、协调各方"的资源整合优势，在工程建设过程中不断探索、创新"党建+业务"工作思路，与各参建单位同向发力，形成推进工程建设的强大合力。通过定期会同参建单位召开工程建设推进会，对工程建设中出现的"疑难杂症"进行"会诊"；支部成员深入一线，建立健全质量评定验收流程，定期与不定期相结合开展工程质量安全专项检查，切实抓好工程关键部位、隐蔽工程的质量管控，做到全过程、全方位把控。同时用好用活党建共学共建平台，结合工程特点组织开展安全生产月、安全生产事故警示教育周、安全生产宣传咨询日、安全生产教育培训、安全生产专项现场教学、安全生产应急救援演练、安全知识竞赛、安全知识

华东师范大学教育发展大楼施工现场实录

竞答等系列活动,认真落实制度化、规范化、标准化管理要求,确保工程建设每一道工序、每一个环节都得到有效控制,推动从"被动安全"到"主动安全"的转变。

自教育发展大楼项目全面开工以来,"红松"党建文化品牌建设取得积极成效。质量进度管控方面,大楼已结构封顶,超前完成建设任务;安全文明管理方面,实现零事故零伤害。

(三)强化服务引领,保障社区权益

教育发展大楼项目临近长风一村住宅小区,项目建设过程中给邻近居民的生活带来不少影响。为保障社区居民权益,学校设置维稳小组,密切关注本项目对周边居民的影响,通过专人对接、专人接待、上门走访、房屋勘察、节日慰问、爱心募捐等一系列活动,打通居民同项目部的沟通渠道,把党建联建做细做实,让居民理解和支持工程建设。同时,项目采取设置隔音墙、配备扬尘噪声检测装置、优化施工方案等有效措施,尽量避免对居民生活造成影响，项目开工至今无行政信访事件。

三、经验启示及展望

教育发展大楼项目部以"党建引领、组织引领、服务引领"为指导原则，优质高效地完成各项施工任务，把党的政治优势、组织优势转化为项目的安全生产优势。在党建工作的引领下，在结对共建的征程中，参建各方的合作更加紧密、更加深入，各单位充分发挥党建资源优势和业务专长，积极构建党建工作新格局，全面提速工程建设进程。项目实施过程中创建的"党建+业务"工作举措具有一定的借鉴意义，能较好发挥示范引领作用。

在新时代背景下，"党建引领、组织引领、服务引领"成为华东师范大学基建管理的主要模式。学校充分发挥基层组织战斗堡垒作用，发挥党员先锋模范带头作用，践行"人在一线、思在一线、心在一线、干在一线"的一线规则，努力推动党建和业务的深度融合，以"生产安全、廉洁安全、质量安全"为抓手，持续推进文明工地建设以及和谐社区建设。项目已获列2022年度上海市市级文明工地、2023年度华东地区建筑施工安全生产标准化工地；项目已通过2023年度上海市市级文明示范工地、上海市建设工程金属结构"金钢奖"以及上海市优质结构验收；后期将力争项目获得上海市建设工程"白玉兰奖"，争创"国家优质工程奖"，努力将本项目打造成标杆项目。下一步，学校将继续推进党建与业务工作的深度融合，持续打造"红松"样板品牌，把支部建在项目上，党旗树在工地上，身份亮在岗位上，行动落在实效上，以高质量的党建工作推动基建工程建设高质量发展。

找准廉政风险点　筑牢廉政风险防火墙

东北师范大学

东北师范大学校高度重视基本建设领域廉政风险防控工作，依据教育部总体要求，大力推进基建廉政风险防控体系建设，不断总结经验，创新廉政风险防控措施，逐步完善基建管理权力运行体系，规范管理岗位和工作流程，有效地提高了学校基本建设规范化管理水平。

一、基本情况

为持续强化学校基本建设领域廉政风险防控能力，学校根据《教育部直属高校和直属单位基本建设廉政风险防控手册》（以下简称《防控手册》）制定了《东北师范大学基建处基本建设项目廉政风险防范措施》。在明确工程建设各工作环节廉政风险表现与防控措施的同时，进一步制定了《基本建设处关键岗位廉政风险分析与防范措施》，对于基本建设处处长、副处长、科长及基建管理其他关键岗位，从风险点、风险等级、风险分析、等级评定依据等方面对廉政风险进行了较为详细的分析，并制定了较为详细的廉政风险防范及监督措施。

以分管工程的副处长为例，划定了联系单签发、材料价格签证、质量验收、竣工结算签审等4个高风险点，建设工程造价指标选择与投资估算1个中风险点，工程进度款签审1个低风险点。将廉政风险防控落实到人，落实到具体工作节点，有的放矢地加强内部控制。

二、工作举措

1. 完善廉政风险防控制度体系

2015年《防控手册》印发以来，学校积极推进基建工作调研，不断加强管理制度建设，对项目立项审批、项目报建、工程招投标、合同签订、工程变更、基建财务、基建审计、竣工决算、固定资产交付等基本建设各环节的文件制度进行了详细的规范和梳理，颁布和修订了《东北师范大学基本建设管理办法（试行）》等管理制度30余项，廉政风险防控制度体系进一步完善，形成了全员参与、全过程管理的廉政风险防控格局。

2. 大力推行信息公开

建设项目信息公开平台，构建了"互联网+监管"模式，实现建设项目信息、招标采购信息、合同履行信息等全面、及时地公开，做到社会监督与内部监控双管齐下。

3. 加强信息化监督管理

在综合楼和美术学院陶艺工作室等新建项目中投入使用基本建设管理信息系统。实现了对工程项目的前期手续、施工过程以及竣工验收全过程监督管理。结合风险防控关键节点，实现项目全过程监控、管理信息分析查询、辅助决策，推进项目管理规范化、科学化、精细化。

4. 健全联动机制

学校充分发挥纪检监察部门监督执纪作用，建立了廉政风险防控联动机制，对照《基本建设处关键岗位廉政风险分析与防范措施》，紧盯关键少数、关键环节和群众反映问题制定落实监督举措。推动基建管理干部强化理论武装，一体推进"三不腐"，对建设项目的廉政风险进行定期评估、监察，发现问题及时干预，做到以防为主，防控结合，

东北师范大学综合楼

为学校基本建设工作高质量发展保驾护航。

5. 开展廉政教育培训

结合学校廉政教育体系,加强对廉政风险防控关键岗位的领导干部、项目管理人员的廉政教育和业务培训,提高廉政意识和风险防范能力,为基本建设项目的顺利实施提供队伍保障。

三、成效与经验

通过落实上述措施,学校在基本建设项目管理中形成了覆盖全员、全过程、全方位的廉政风险防控网络。自开展廉政风险防控工作以来,学校基本建设项目不存在因廉政问题导致的项目停工、延期、索赔等严重后果。基本建设项目的投资效益显著提高,管理水平逐步提升，取得了较好的社会效益。回顾过去几年的基建领域廉政风险防控，学校重点在以下三个方面发力。

1. 牢固树立廉政风险防控制度化意识

在基本建设项目管理中，高度重视廉政风险的防范与控制，不断优化完善相关政策措施，确保制度的落地执行，使廉政风险防控工作不断加强、走向深入。

2. 开展跨部门合作与交流

实现廉政风险防控工作在不同部门、不同层级之间的信息共享、资源共用，推动问题解决，提高廉政风险防控的协同效应。

3. 深入研究与创新廉政风险防控模式

结合新形势、新问题、新挑战，创新廉政风险防控工作的理念、手段、方式，开展专项研究，深化智慧预防体系建设，提升风险防控的科学性、有效性。

综上所述，学校将继续深入开展廉政风险防控工作，努力在基本建设项目管理中树立新风险防线，构建廉洁高效的基本建设管理新格局，助力高校实现教育事业的改革发展。

构建廉政防控体系　保障基建管理运行

武汉理工大学

廉政风险防控是保障权力规范运行、强化廉政建设、科学预防腐败、保护干部安全的有效手段，是推进学校惩治和预防腐败体系建设、深化源头治理腐败的重要工作。着力构建基本建设廉政风险防控体系，是基建项目管理科学、高效、廉洁运行的重要保证。

一、基本情况

为积极落实基建廉政建设要求，推进预防腐败体系建设，深化源头治理腐败，一体推进不敢腐、不能腐、不想腐，结合学校纪委监察处关于修订完善廉政风险防控体系的工作部署，基建处认真梳理、全面总结基本建设全流程各环节管理工作，形成以排查基建管理风险点为导向，以制定基建管理制度为重点，以建设基建管理信息化为依托，以执行基建决策机制为关键的基建廉政防控体系建设机制。

二、工作举措

1. 以排查基建管理风险点为导向，着力风险识别

坚持问题导向，通过基建管理风险点排查工作，厘清基建管理问题的"多发点"，

查找基建管理工作的"薄弱点",疏通基建管理流程的"堵塞点",抓住基建权力运行的"高危点",切实追根溯源,找准风险事项,明确风险点及表现形式。经排查,共梳理出6大类、41项基建管理风险,33项基建管理的负面清单。将领导班子及党风廉政建设作为重点事项,加强对领导班子议事决策、一岗双责、内控管理的重点防控;将项目立项、设计、招标、建设实施等作为重点阶段,加强对管理流程的监督控制;将施工图审查、预算编制、材料选用、招标准备、施工管理、变更控制、款项支付、分包管理、结算初审、竣工交付等作为重点环节,切实防止管理失职。

2. 以制定基建管理制度为重点,着力内控建设

学校基建管理坚持以"科学、高效、创新、廉洁"为工作要求,近年来始终致力于强化内控制度建设。

学校基建制度由国家部委文件、学校相关文件、基建部门管理文件三部分构成。其中国家部委文件是学校相关文件及部门管理文件的基础及依据;学校相关文件主要由决策文件、基建、财务、招投标、工程审计及其他相关部门出台的文件构成;基建部门管理文件由基建决策文件、综合服务文件、基建执行文件、基建监督文件四部分构成。部门管理文件涵盖建设项目立项、设计、招标准备、合同管理、施工、竣工结算和交付等各环节,共计56项。

目前,学校基建领域制度基本实现了建设周期各重要环节的管理文件全覆盖。

3. 以建设基建管理信息化为依托,着力过程留痕

依据学校"党建引领、数据驱动、协调共享、提质增效"的总体思路,基建处经过学习调研、需求征集、流程再造等程序,分步推进基建管理信息化。第一步,建立基建项目管理信息系统(一期),实现了基建管理过程资料的电子留痕;第二步,完成基建驾驶舱的开发建设;第三步,完成已有建筑信息模型(BIM)等数字化资料的收集,为城市信息模型(CIM)平台的建设提供数据支撑,加强管理过程的数据治理,夯实数字校园的数据底座,不断向"智慧""透明""共享"基建的总体目标靠拢。

4. 以执行基建决策程序为关键，着力程序把控

学校建立了以党委常委会、校长办公会为最高决策机构，以校园建设领导小组、招投标领导小组、发展规划领导小组为议事协调机构的决策机制。主管校领导每周主持召开校园重大基本建设与维修工作例会，基建处每周召开处务会，根据工作需要召开处长联席会、专题工作会，讨论决策基建工作事项。依据决策事项的类别及金额，基建管理工作严格按照《基本建设事项上会程序管理实施细则》要求，自下而上执行对应的决策程序，杜绝未决策先执行的情况发生。

三、主要成效

1. 风清气正展基建风貌

通过建立健全基建管理制度体系，严格执行基建管理决策程序，织密基建廉政防控体系之网。基建处外由纪委监察处派驻基建处纪检组长，委托审计处全过程跟踪审计；基建处内设纪检监察员，参与基建各关键环节监督。内外联动，形成基建监督合力。

近年来，学校基建处未收到任何层面关于基建管理违法违纪的负面反馈，无任何人员因基建管理违法违纪而受到处理，与相关职能部门的协同工作日渐规范，全校师生对基建工作的满意度保持在90%以上。基建同志们勠力同心，展现了风清气正、干事创业的良好风貌。

2. 攻坚克难显基建担当

受国内经济形势影响，基本建设在资金支付及建设进度方面承受了较大压力。但是，学校克服困难、多措并举，全方位推进重点项目建设，强化成本控制，确保各项目按计划完成。

"十四五"以来，学校完成南湖校区学生公寓12、13、14号楼、南湖工科综合实验楼一期等四个基建项目的转固与交付，交付总投资39588万元，总建筑面积74237平方米，所有工地未发生重大安全事故；全面落实预算不超概算、结算不超预算的整体要求，结算初审审减1806.84万元，为学校节约大量建设资金。

3. 守正创新保基建安全

通过信息化技术赋能传统基建管理，开拓了新的管理路径，实现了管理过程留痕，客观上强化了监督，保护了基建生产、资金及干部安全。基建项目管理信息系统（一期）的建设已实现了基建管理过程资料的电子留痕，提高了基建管理效率。目前已完成基建驾驶舱的开发建设，实现了建设工地"云监控"及基建规划、在建项目进度、投资、质量信息的获取。

四、经验启示

1. 加强制度建设

基建管理流程长、环节多、风险点密集，必须建立健全的管理制度，让基建管理事项有规可依，让决策有章可循，实现管理的制度化、规范化。

2. 强化过程监管

在健全制度的基础上，强化内外监管。以标准之尺度管理执行，发现偏差及时纠正，防微杜渐，慎终如始。

3. 探索基建信息化

结合校情，梳理基建管理核心脉络，明确信息化建设核心目标，保障信息化建设资金，有计划、分步骤推进基建信息化建设。

健全基建工程领域廉政风险防控体系
促进基建工作健康发展

西安电子科技大学

一、基本情况

随着学校事业发展，学校基建项目无论数量还是体量都有较大增长，对学校基建工作提出了新的更高的要求，如何促进学校基建工作健康发展，做好基建保障工作，对于学校发展至关重要。这就要求学校在做好基建管理工作的同时，进一步做好基建工程领域廉政风险防控工作，巩固深化廉政风险防控工作成效，进一步强化学校廉政风险意识和风险控制能力，以推动基建工作高质量发展。

二、工作举措

西安电子科技大学组织基建、后勤、采购、计财、审计、内控、纪检监察等相关部门针对各部门涉及基建工程领域存在的风险和问题进行了梳理、分析和研判，并开展风险排查，立足工作实际，完善体制机制，构建了全校基建工程领域廉政风险防控体系，以促进学校基建工作健康发展。

(一)开展风险排查

根据学校党委的安排部署,按照《西安电子科技大学关于加强基建工程领域廉政风险防控工作实施方案》提出的工作内容和要求,基建、后勤、采购、计财、内控、审计、纪检监察等部门结合工作职责和工作实际,根据本单位在基建工程领域的权责,严格对照法律法规、政策规范、廉政要求,尤其是对照《教育部直属高校和直属单位基本建设廉政风险防控手册》,对工作中的廉政风险进行逐点排查。

基本建设处围绕工程建设全链条进行各环节、各岗位、各关键点逐一排查,共梳理出27个风险点;后勤保障部针对重大维修改造工程中存在的问题和风险开展逐项排查,共排查出16类84个风险点;采购与招标管理办公室根据基建工程领域招标采购工作的规律与实际,共排查出11个风险环节和22个廉政风险点;纪委办公室对当前基建工程领域廉政风险情况进行了仔细分析研判,提出针对基建工程领域的6大类17个风险点;计划财务处、内控办、审计处等针对工作领域范围对基建工作排查出"进度款支付依据不明确""审计队伍稳定性不足"等9个难点与风险点。

(二)完善基建工程领域相关制度建设

各相关职能部门对涉及基建工程领域的相关制度进行了全面的梳理和评估,根据上级要求和学校实际,不断深化对基本建设新内涵与新要求的认识,结合廉政风险排查结果及制度实施过程中出现的问题,按照"解决一个问题、堵塞一个漏洞、形成一项制度、立下一个规矩"的目标,进一步建立健全各项工作制度,努力提高制度制定的科学性与前瞻性,加强学校基本建设的源头管控、过程监管和结果评估。

基本建设处针对风险排查的结果及时查漏补缺,新制定《西安电子科技大学基本建设处"三重一大"决策制度》《西安电子科技大学基本建设处自行采购管理办法》,并修订完善《西安电子科技大学基建项目勘察、设计管理办法》《西安电子科技大学基建项目变更、签证管理办法》《西安电子科技大学基建项目材料设备采购与验收管理办法》《西安电子科技大学基建项目工程款支付管理办法》。

（三）完善机制，构建廉政风险防控体系

围绕排查确定的各类风险点和风险等级，制定权力风险防控标准，细化实化防控措施，着力形成以岗位为点、以程序为线、以制度为面的廉政风险防控机制，建立长效教育机制、廉政风险防控责任制、联动会商机制，强化监督检查机制，实施风险预警机制，全面推进学校基建工程领域廉政风险防控体系建设，推动学校各项事业高质量发展。

1. 建立长效教育机制

通过开展党性、党风、党纪教育、党内廉政教育、自我养成教育、警示教育等，引导干部职工自觉警惕廉政风险，强化自我约束，树立工匠精神，正确行使手中权力，不断提升防腐拒变能力。

2. 建立廉政风险防控责任制

按照"分级管理、分级负责、责任到人"的要求，各相关部门建立完善廉政风险防控责任制。部门主要负责人为第一责任人，要认真履行"一岗双责"。如落实廉政风险防控工作不力，致使本单位及所属工作人员发生违纪违法行为的，倒查廉政防控责任。

3. 建立联动会商机制

由分管基建、纪检监察、招标采购工作的校领导定期组织基建、后勤、采购、计财、审计、内控、纪检监察等相关部门召开联席会议，对基建工程领域的廉政风险问题开展分析研判，推进协调处置。

4. 强化监督检查机制

紧盯重点领域、关键环节和关键少数，充分发挥纪律监督、监察监督、巡察监督、审计监督和社会监督作用，加强对基建工程领域的全过程跟踪监督。

5. 实施风险预警机制

内控、审计、纪检监察部门及时收集、分析、评估廉政风险信息进行，对可能发生或已经发生的苗头性、倾向性问题，运用风险提示、批评教育、工作约谈、责令整改等措施，以及时防范廉政风险。

三、突出成效

将"制度管人、流程管事"的要求落到实处，形成了从基建项目前期规划立项、勘察设计、施工管理、造价控制、竣工验收，到结算决算及资产入账等全过程管理制度体系，制定并发布了基建领域专项制度27项，其中基建管理制度14项、招标4项、审计4项、内控4项、财务1项，构建了规范、科学、民主的基建管理体制，规范权力运行。形成了全校上下协调联动、权责清晰、流程规范、风险明确、措施有力、制度管用、预警及时的廉政风险防控机制，保证责任全面履行到位，权力依法合规行使，进一步提高了基建工程领域风险防控工作的制度化、规范化和科学化水平，形成了统一领导、权责分明、协调联动、齐抓共管的良好工作格局。在学校党委统一领导和廉政风险制度约束下，学校近年来基建领域无廉政风险腐败案例，形成了风清气正的校园基建工作环境。

四、经验启示

完善学校基建工程领域风险防控体系是促进学校基建工作健康发展、建设精品工程和建设师生满意工程的重要基础，只有持续加强学校基建工程领域风险防控体系建设工作，不断通过制度机制约束来防范廉洁风险，坚持推进阳光基建，才能保障学校基建工作高质量、高效率完成，实现学校优质工程、优质廉政双丰收。

三 全 育 人

深入落实立德树人根本任务
全力推进建设育人

北京化工大学

北京化工大学认真学习贯彻习近平总书记关于教育的重要论述和全国教育大会精神，坚持立德树人根本任务，聚焦国家紧缺人才培养和新一轮"双一流"建设，坚持特色发展，超越特色发展，推动新校区高质量规划建设，有效解决了原有办学空间严重不足、硬件条件老旧落后的突出问题。新校区已高质量建成18栋共51.7万平方米教育用房，高标准建设43项基础设施配套项目，生均用房面积实现跃升，教学、科研、体育、生活设施显著改善。学校人才培养质量稳步提升、学科实力显著增强、师资队伍水平持续提升、科技创新能力不断增强，有力推动学校各项事业高质量发展。

一、全面拓展办学空间，打造人才培养"新引擎"

新校区规划总用地1964亩，规划总建筑面积约101万平方米，可容纳学生23220人，目前已历经两期建设。一期重点建设主干市政基础设施、基本办学条件用房及附属配套用房，满足1—3年级本科生教学生活需要。2017年9月，保障首批12000余名师生顺利入驻。二期在持续扩大办学资源基础上，优先建设学院科研楼、人文和素质教育功能用房，保障6个文理科院系整建制入驻。新校区办学条件不断改善、办学结构持续优化，

北京化工大学昌平新校区全景

学术科研、人文艺术和交叉创新氛围显著增强，已发展成为共同办学主体。目前，新校区可容纳1.8万名学生，较原北校区，新校区生均教室用房面积从2.36平方米提高至2.84平方米；生均实验用房面积从1.01平方米提高至5.2平方米；生均图书馆用房面积从0.42平方米提高至2.05平方米；生均室内体育用房面积从0提高至1.92平方米。智能先进的教学、实验、阅览硬件设备极大助力提升育人质量。据统计，学生日常在图书馆自习时长中位数由30分钟上升至132分钟。自2017年新校区启用以来，学校高层次人才增长27%，研究生规模增长22.6%；2024年3月学校ESI排名第454位，较2017年提升317位。

二、全面实施建设育人，营造"三全育人"环境

新校区建设传承老校区历史文化积淀，突出北化学科特色，改善育人环境，提升了师生获得感和幸福感。建设百年建筑，坚持"一流的设计、一流的施工、一流的材料"，

北京化工大学昌平新校区"一山两湖"景观

邀请院士、全国工程勘察设计大师领衔设计，建成一系列"风格高雅、特色鲜明、品质过硬、设施先进、绿色低碳"的标志性建筑，以组团式布局和围合式庭院空间强化多层次交流场所，助力资源共享与学科交叉创新。打造美丽校园，建设"一山两湖"核心景观，深化实施"美润心灵工程"和"文化浸润工程"，精心打造"北化八景""一院一品""校园网红打卡地"等特色人文景观，营造"以美育人、以文化人"育人环境。新校区入选学生心目中的最美校园，助力学校荣获首届"全国文明校园"。助力课程育人，立足新校区建设成果，强化学校"大化工"特色，打造基建成果育人阵地：依托自建污水处理站，建立环境工程专业学生能力培养实践基地；依托"物联网＋智慧能源管理运控平台"，建立数字化节能实践基地；依托人工景观湖，建立数字化生态保护实践基地。

三、完善育人功能，构建"五育并举"格局

新校区建设注重"五育"融合，努力营造人文、科技、艺术相辅相成、相互促进的育人环境。扩展德育空间，优先建设文理学院科研楼，为北京市重点建设马克思主义学院、文法学院等人文学院创造优质的教学科研环境，推动实施"德耀北化工程"；按

照书院制管理模式建设宿舍楼,首创"宏德书院",促进师生互动教书育人,推动德学兼治。助力智育提升,服务支撑"强工厚理兴文重交叉"人才培养体系建设,提升文理科院系办学条件,建设工程训练中心,打造学科交叉工程创新实践中心、仿真工厂等创新实践基地,推动产学研结合,服务工程教育;积极推进数字化建设与课程教学相融合,高标准建设智慧教室238间,打造集智慧课堂教学、智慧教学资源、智慧管理服务为一体的智慧教学体系,下设远程教学互动、在线巡视、学情分析等20个教学子系统,为培养学生自主学习能力、提升教师教学技能水平创造高质量软硬件条件。促进体育发展,建成学校首座体育馆,高标准选用国际体育赛事场地认证材料,助力北化学子入选中国网球队并荣获第十八届亚运会网球女子双打金牌,校篮球队获得CUBA全国第四名等优异成绩;全面建设各类体育运动场地设施,助力大众体育普及率达到100%。优化美育环境,建成首座大学生活动中心,为独立设立艺术与设计系营造集成思想教育、艺术

北京化工大学昌平新校区大学生活动中心

教育、文艺展演等多元功能的高品质美育环境，促进审美教育与专业教育相结合；建成首个美育教育实践基地"枫叶广场"，完善校园美育教育体系。搭建劳育平台，在规划战略留白区域建设"北化知行园""化育百草园"等劳育实践基地，学生人均劳育用地规模达到1平方米，打造"学院＋项目＋基地"劳育机制，已有超13000名学生参加劳动实践。

学校以新校区高质量规划建设支撑服务学校教育事业高质量发展，主要有以下几点经验启示：一是坚决落实立德树人根本任务。坚持服务国家重大需求，超前规划学校长远发展空间布局，紧密围绕人才培养和学科建设需求，科学规划建设布局、建设时序，统筹优化办学资源，筑牢学科特色优势。二是系统布局，育人为先。完整准确全面贯彻新发展理念，推动校园建设与环境育人紧密结合，充分发挥校园物质空间在思想培育、价值引领、能力培养、人文传播等方面潜移默化的影响作用，系统打造文明校园、智慧校园、平安校园、美丽校园、绿色校园，全方位构建"三全育人""五育并举"环境。三是需求导向，突出特色。在规划、设计、建设、验收及交付等校园建设全过程，最大程度征集并满足师生意见需求，为师生创造宜学、宜教、宜居的育人环境。打造体现历史文脉、展现时代精神、彰显学科特色的校园景观环境和百年建筑，主动联系课堂教学，积极服务教学实践，应用自主研发技术，努力发挥建设育人作用。

三项并举育英才　三全育人绘蓝图

同济大学

一、基本情况

习近平总书记在全国高校思想政治工作会议上指出，要坚持把立德树人作为中心环节，把思想政治工作贯穿教育教学全过程，实现全程育人、全方位育人，努力开创我国高等教育事业发展新局面。自2018年同济大学入选全国首批十所"三全育人"综合改革试点高校以来，在学校党委统一领导下，校内各部门围绕中心工作转换思路，明确育人职责、聚合育人资源、遵循育人规律、创新育人机制，探索形成了"从点到面、从试点到示范、从协同到集成"的综合改革思路以及一个部门联络协调、多个部门共同参与的"1+N"工作模式。

同济大学基建处坚决贯彻学校"三全育人"综合改革的总思路，扎实践行育人布局，充分挖掘基建设管理过程中的育人资源，积极开展"环境育人、服务育人、实践育人"三项并举的实践探索，取得显著成效。

二、工作举措和突出成效

1. 推进环境育人，建设美丽校园

一是抓新建重点工程。近年来，基建处先后推进了嘉定校区工程教育及科创中心、嘉定校区大学生活动中心、四平路校区彰武路研究生公寓（三期）及创新创业中心、嘉定校区土木工程抗火科研综合楼、生命科学与创新创业大楼、上海国际设计创新学院、上海自主智能无人系统科学中心等新建项目的建设，将基建重点工作与"环境育人"有机相融。如嘉定校区大学生活动中心（艺嘉楼）大礼堂 2023 年 6 月 26 日投入使用，截至 2023 年 12 月 22 日，共计接待演出 50 场，包括高雅艺术进校园、各学院毕业典礼、各类迎新晚会、学校原创话剧、演艺决赛等演出，为学校师生带来了精彩的文艺活动。除一楼大礼堂和多功能音乐厅使用频次高以外，二楼的舞蹈排练房及乐器排练厅也深得师生青睐，为师生提供了优越的交流和活动环境。

二是抓历史保护建筑修缮。秉持"修旧如故，以古为新"的原则，对校园历史保

同济大学嘉定校区学生活动中心（艺嘉楼）

护建筑进行保护性修缮。如对西南一楼进行整栋楼的屋面屋架、木楼盖、墙体做加固工作，对屋顶进行翻新，对外立面进行复原修缮，对室内整体强弱电、消防、暖通、给排水等做全面的改造提升，同时引入智能化楼宇、物联网消防等系统。整栋楼于2023年完成整体修缮，修葺一新的学生宿舍楼顺利迎接了2023级国豪书院新生及书院教师的入住，获得一致好评，并被上海市人民政府新闻办公室公众号"上海发布"报道。

三是抓校园环境细节。基建处分期推进灯光工程、河道整治、绿化改造、雨污分流改造等一系列修缮工程，使校园面貌焕然一新。宛如繁星的路旁灯光、令人赏心悦目的河道景观、生机勃发的绿树繁花、独具匠心的楼台亭宇，既体现了同济大学厚重的文化积淀，又提升了学生的认同感和归属感。灯光改造工程一、二期的完工带给学子视觉和心理上的舒适愉悦；承载着无数回忆的林荫道，在改造后成为师生漫步休闲、放松身心的惬意去处；拥有70年历史的三好坞，在河道整治完成后，重现竹林假山、小桥流水的美景，再次成为师生相聚会友、学术探讨的宁静港湾。此外，对雨污分流调查、停车场景观改造等一系列环境整治工作，基建处注重细节狠抓落实，发挥职能优势，美化

同济大学西南一楼

同济大学校园灯光实景图

校园环境,切实做好"环境育人"。

2. 推进服务育人,建设和谐校园

一是持续推进安全文明施工,多措并举做好协调沟通。督促施工单位文明施工,加大对在建在修项目的宣传解释工作,认真倾听并回应师生意见,耐心做好沟通协调工作。在保障建设项目进度的同时,最大限度减少噪声扬尘、人员腾挪等对师生正常工作生活造成的影响。如彰武路校区施工期间,学生对宿舍改造期间施工噪声意见较大,基建处在详细调研学生诉求的基础上,与学生处等职能部门密切配合,多次与学生进行耐心细致的沟通,在节假日对学生进行慰问并提供耳塞等物品。此外,还通过与周边社区居委会组织开展联谊活动、开展专题调研等多种形式,竭尽所能地消除误会、降低影响。

二是依托"一站式"学生社区综合育人空间的"同济模式",凝聚协同育人力量。学校全面推行驻楼导师工作站建设,形成校领导、职能部门、知名教授、知名学者进驻学生社区的长效化机制,将育人力量和育人资源压实到学生日常学习生活的第一线。基建处先后走进友园 13 号楼、"西北一楼"驻楼导师站、西南九楼学生社区一站式协同育人中心等，与学生开展多种形式交流，介绍学校基础设施建设、听取学生对软硬件条件提升的建言献策，回应学生需求，将"服务育人"落实落细。学校的"学生社区综合育人平台建设"入选教育部思想政治教育精品项目，《同济大学创新提升学生社区育人功能》工作简报被教育部专题报道。

三是创新基建部门文化建设，推行"五好"目标。基建处在部门内推行好制度、好机制、好氛围、好职工、好作为的"五好"目标，深入贯彻执行学校机关"首问必答、首问必释、首问必果"的"首问负责制"，切实加强作风建设，关注师生关切，服务学校重点工程。基建处以"我为师生办实事"为重要契机，广泛开展调研，开展问题导向式的设计，瞄准师生"急难愁盼"问题，把实事好事办得让师生看得见、摸得着，显著提升了师生的获得感和幸福感。近几年的校园年度"十大实事"，由基建处牵头完成的就有多项。

3. 推进实践育人，建设创新校园

一是建立处院协同机制，深度参与育人工作。基建处主动与土木工程学院、建筑与城市规划学院、机械与能源工程学院、环境科学与工程学院等对接，积极参与专业教学与实践。如依托专业课程和学校新建项目，为土木专业学生提供暑期施工生产实习基地和创新实践平台，围绕"智慧建造"新专业方向的建设，让学生更好了解最新的施工工艺和智慧工地相关进展，并协助施工教研室专业教师拍摄现场教学视频，丰富教学资源库。

二是依托在建项目平台，提供多种课题选择。基建处在项目建设中，有意识地预留项目施工与育人活动相衔接的接口。如，在科创实践中心项目中，为关键结构节点与新型材料留出展示区；在机械与能源工程学院开物馆空调改造项目中，预留暖通专业工艺教学区；组织建筑与城市规划学院专业学生开展校园"小环境、小景观、小节点"改造提升创意设计方案竞赛，增强大学生对专业课程的理解；结合校区"雨污分流"改造项目，举办管道标识、井盖设计创意文化竞赛等特色活动，开展校园环保宣传，弘扬创新精神，激发学生参与学校建设的积极性和主动性，知行相长、学以致用。

三是培养专业助管团队，发扬基建育人特色。基建处高度重视基建工作与人才培

养相结合，设立学生助管专项，每年培养助管 20 余名，在实践育人、劳动育人等方面探索出自己的模式。在基建处骨干教师指导下，学生助管团队逐年、分批次开展对校舍的安全调查活动，在利用专业知识加强对环境认识的同时，也提高了学生的主人翁意识。针对校园内各类结构形式的房屋，申请专项课题，以屋顶绿化与防水为专题指导大学生创新实践项目。上述探索与实践为学校加快构建同济特色劳动教育体系、创新劳动实践教育载体提供有力支撑。

三、经验启示

经过多年的扎实探索，同济大学基建管理部门注重实践、推动发展，充分发扬专业优势，发挥特色引领作用，创新"环境育人、服务育人、实践育人"各项举措，为高校全面推进"三全育人"提供了可借鉴的经验范式。一是要将基建重点工作与"环境育人"有机相融，改善办学环境，为可持续发展提供有力支撑。二是要持续推进校园文明施工，充分发挥"同济模式"学生社区优势，加强与学生的交流沟通，提升部门文化建设深入践行"服务育人"理念。三是要坚持理论与实践相结合，组织开展各类专项活动，打造校内专业实践基地，增强学生的实践与课题研究能力，提高学校的人才培养质量。

以人为本 打造良好育人环境

湖南大学

高等学校在"建设教育强国"的目标任务中担负着艰巨而崇高的历史使命。作为为学校人才培养和科学研究提供基本保障和支撑的基建部门，如何在新时代新征程中以新发展理念指导工作，把握好"以人为本"的基本建设理念，建设出满足学校需求、让师生满意、对历史负责的工程，是摆在高校基建人面前的一个重要课题。

一、基本情况

湖南大学始终坚持落实人才培养中心地位，不断推进"三全育人"，将"以人为本"理念融入学校基本建设各环节，全力打造精品建筑，不仅为学校的一流建设提供有力的条件支撑，也为立德树人提供有效的环境保障。学校近年来完工的德智园研究生公寓（一期）和天马18栋学生公寓就是学校基建工作践行"以人为本"理念的生动案例。

二、工作举措及成效

1. 强化园区管理，实现服务育人

园区是课堂之外对学生开展思政教育和素质教育的重要阵地，和课堂一样具有不可替代的特殊地位。学校始终坚持"以人为本"的园区管理理念，将管理育人功能贯穿于日常管理，致力于科学有效地引导学生生活习惯、道德品行的养成，实现学生素质提升。在园区建设中，不仅考虑其起居、盥洗、洗衣等日常服务功能，同时涵盖党团活动室、谈心谈话室、学习空间、辅导员休息室、爱心空间等全面的育人功能，并不断加强管理，提升园区"一站式"服务水平，以满足学生对园区服务功能、管理制度、文化氛围、心理需求等诸多方面日益增长的需求。

2. 优化空间设计，构建宜居场所

宿舍是高校学生学习生活、情感交流、言行互动的主要场所，构建"温馨、健康、合理、有序"的宿舍文化是"以人为本"理念的根本体现。针对学生的多元化需求，新建公寓项目要求专业设计团队坚持"以人为本"，贯彻用户思维，多措并举构建宜居场所。精心优化宿舍空间，进行合理功能布局，确保学生居住生活尺度适宜、储物空间充足、洗漱便捷、活动顺畅；贴心打造无障碍宿舍，优化和丰富无障碍设施服务功能，切实保障残障学生的正常学习生活，注重培养其自信乐观、积极向上的生活态度；匠心推出"共享阳台"，以相邻宿舍物理空间的连通打破日益普遍的精神封闭藩篱，形成有内向凝聚力的社区形式，促进学生之间的交际，满足其生活与精神的需求；巧心设置公共活动空间，每层楼的活动室可预约用于学习讨论或团建交流，以开放的边界和灵活的布局实现空间功能的复合化，即融公共休闲与自由学习多项功能于一体，为学生提供高质量的用户体验。

3. 打造智慧宿舍，提供便利服务

智慧教育、"互联网＋教育"是教育现代化的必经之路，更是教育强国的必然选择。依据国家《"十四五"数字经济发展规划》和教育数字化战略部署，学校学生公寓项目在建设过程中兼顾"以人为本"和与时俱进的基本理念，配置多种智能化设备打造"智慧宿舍"，天马18栋学生公寓，门禁采用智能人脸识别系统，入户实现智能门锁，户内安装智能化水电表，全楼覆盖无线网络，公共区域设置无死角监控，在实现校园卡"一卡通"的基础上，以期借助人脸识别、大数据等先进技术，构建可量化的宿舍管理平台，助力学校快速掌握宿舍情况，有效提升宿舍安全管理系数，打造安全育人环境。

4. 依托环境优势，营造和谐氛围

湖南大学地处岳麓山 5A 级景区，且四周岳麓山、天马山、凤凰山群山环绕，湘江、桃子湖、后湖水域辽阔，自然风景秀美绝伦。为深入践行生态文明和绿色发展理念，项目建设充分尊重原有地貌及景观，结合周边岳麓山、后湖景观及园区已有建筑，从交通、景观、空间、形体、心理感受等多角度融入城市系统，着力成为沿线空间序列上的重要节点，打造具有湖大文化特色的重要建筑群，并通过园区绿化、屋顶绿化等有形的空间形式布置，烘托无形的青春活力氛围，不仅有效提升建筑的可识别性、易用性和环境亲和性，更显著提升了师生满意度。

三、经验启示及展望

良好的育人环境是高素质人才健康成长的需要，是推动新时代教育事业发展的需要，也是为党育人、为国育才的需要。基建工作的"以人为本"，就是要全面落实人才培养中心地位，践行服务育人理念，以师生需求为出发点和落脚点，辅以有效的建筑空间划分、构造设计、信息化技术手段及依托环境等方式，解决师生"急、难、愁、盼"问题，全面提升育人环境品质，为学校高质量发展强基固本。后续工作中学校将继续坚持"以人为本"，与时俱进，发扬自身特色，努力将湖南大学建设成为富有历史文化传承的中国特色世界一流大学，为建设教育强国作出应有的贡献。

湖南大学学生公寓洗衣房

湖南大学学生公寓窗外湖景

湖南大学学生公寓园区内景

湖南大学学生公寓周边环境

制 度 建 设

线上线下联动"双保险"
筑牢基建内控"生命线"

北京化工大学

一、基本情况

北京化工大学昌平新校区于2014年6月奠基动工，截至2023年年底已完成51.7万平方米校舍建设；2021年11月，位于朝阳校区的高精尖创新中心建成，总面积4.3万平方米。以上成绩的取得，得益于建立了一套行之有效的内控保障体系。2014年，《行政事业单位内部控制规范（试行）》颁布，学校适时抓住时机，加强顶层设计，进行周密部署，将团队配备、制度制定、内控需求等有机结合，初步建立了基本建设内部控制体系；2021年，结合教育部巡视反馈意见整改落实的契机，学校整理编制了《北京化工大学基建管理廉政风险防控手册》，共17.87万字，包括基建现行规章、五个清单、自我监督体系等内容，以踏石留印、

《北京化工大学基建管理廉政风险防控手册》

抓铁有痕的作风推进学校基本建设内部控制管理工作。

二、工作举措

1. 思想为先、制度为本、流程为要

学校高度重视基本建设内部控制，强调思想到位，通过制度建设、流程梳理打造内控建设的理论高地。通过广泛调研、专家请教、内部讨论、同行盲审等多种手段，制定了既满足内控要求又具有自身特色的基建领域规章制度26项，以及权力制度依据、职权目录、管理权运行流程图24张，明确基本建设项目廉政风险点159个并提出145条防控措施，为学校近年来基本建设如期顺利开展提供了政策保障。

2. 一流团队、健全机构、创新机制

学校充分尊重基本建设的规律性，加强顶层设计，通过机构设立、机制创新构筑内控建设的实践基地。制度先进是基础，执行有力是关键。学校打破了传统的思维惯性，"抽强人、强抽人"，从各部门抽调精兵强将派驻基建队伍，同时开辟"用人特区"，从社会聘用专业的工程技术人员。基建管理部门组织机构健全，同时学校专门成立了以校长为组长的基本建设领导小组，不定期研究基本建设中的重要事项。

3. 线上线下、人防技防、相互联动

学校努力开拓内控建设的创新性，强化技术手段，通过系统集成、终端审批搭建内控建设的信息平台。在现有传统线下工作流程及决策机制基础上，学校自新校区建设伊始就创新性地将信息化系统引入全过程控制。考虑到基建决策的时效性，技术研讨、事项决策在线下按传统模式进行，形成会议纪要，签署相关意见，同时又注重基建决策的完整性，每一个事项均上线进行流转会签，做到决策有据可依、行为有迹可查。

三、突出成效

1. 形成了一项富有特色且内控有效的工作机制

学校在基本建设过程中，创新性同步开展了内控建设工作，结果卓有成效。首先制定相关制度，梳理操作流程；其次设立了与之相呼应的全新工作机构，建立了完善的管理体制和机制。总体而言，做到了工作高效与防控有效的高度统一，线下决策与线上审批的有机结合，形成了业务有主责部门、协调有牵头领导、决策有议事机构、审批有专门系统的工作新局面，具有较强的可操作性，有力保障了基本建设管理工作。

2. 开发了一套稳定运行且行之有效的信息系统

该系统审批事项"全"，基本涵盖了从可研立项到竣工结算的基本建设全过程；该系统审批链条"长"，除相关参建单位外，建设单位从一线工程师到学校领导均参与流程节点审批；该系统审批方式"活"，电脑终端、手机移动终端均可进行操作；该系统增值服务"多"，除审批事项外，可以项目为单元生成各种支出等统计报表；该系统附加功能"强"，学校基本建设所有线上审批材料均随时可查、调用。

3. 建成了一个功能齐全且设施先进的美丽校园

遵循基本建设规律，全面加强内控建设，为学校昌平新校区建设有序推进以及朝阳校区高精尖创新中心建成奠定了坚实基础。十年之间，新校区先后完成了多个基础设施项目施工，建成了教学楼、实验楼、图书馆、体育馆、大学生活动中心、校史博物馆、文理楼、锅炉房、食堂、学生宿舍等共18栋楼宇，实现了"设施先进、功能齐全、环境优美、建筑高雅、低碳节能的现代化可持续发展绿色校园"建设目标。

四、经验启示

1. 领导重视、顶层设计是实施基本建设内控的关键

基本建设是一项科学的系统工程，专业性强、涉及面广、风险点多。内控建设是

在此基础上的另一项体系规范，其复杂程度可想而知，仅凭一己之力、一门之策是很难实现的。学校领导高度重视，多次将基建内控建设列入学校常委会、校长办公会研究；多次组织专题校外调研、内部讨论，有力推动了学校基建内控建设的实施。同时，学校加强顶层设计，打破先前惯例，创新工作机制，在一张白纸上谱写了内控新篇章。

2. 机构健全、机制合理是抓好基本建设内控的根本

分事行权、分岗设权、分级授权和定期轮岗，是制约权力运行、加强内部控制的基本要求和有效措施。因此，健全的组织机构是内控建设的根本保障。制度制定得再好，流程优化得再细，没有科学的机构、没有过硬的团队，内控建设执行起来必将大打折扣。此外，合理的工作机制是内控建设的基本保障。既要尊重基本建设的客观规律，又要兼顾内控建设的基本要求，只有将二者有机统一，才能实现双赢的目标。

3. 线下决策、线上审批是完善基本建设内控的推力

信息化是推进内控建设的有力抓手，利用信息技术手段实施内部控制，可以减少人为因素造成的错漏，显著提高内部控制的执行力和效率。但同时也应看到，基本建设的专业性非常强，一些技术会商、方案论证必不可少；基本建设的时效性非常突出，一些问题不容许网上拖延处理。因此，一定阶段因技术受限导致信息化方案可能具有一定的局限性，线上线下联动"双保险"不失为一种很好的解决方案。

基于风险管理的基建项目内控体系构建

中国地质大学（武汉）

一、基本情况

中国地质大学（武汉）未来城校区占地约710亩，设计总建筑面积52.27万平方米，按照"整体规划、分步实施、逐步完善"的建设思路，分三期建设。新校区建设项目体量大、资金投入多，建设周期长，涉及众多经济活动，存在诸多风险点，完善的内部控制体系对保障新校区顺利建设和按期投入使用尤为重要。在新校区建设过程中，基于风险管理的基建项目内部控制体系不断完善并发挥了重要作用。

二、内控建设主要做法

（一）注重内部控制环境建设

学校设立了新校区建设指挥部（以下简称"指挥部"）统筹新校区建设工作。内设综合部、规划部、建设部、招标采购部、设备材料部等五个部门，明确了各部门职责，建立了分工明确相互配合的工作机制。

指挥部按照"于法有据、于情合理、于事可控"的工作思路，依据教育部和学校出台的相关规章制度，采用学习、借鉴、调研、总结、提炼等多种方式，形成了带有"四梁八柱"性质和作用的指挥部内控"五经",即《教育部基本建设领域主要工作制度汇编》《新校区建设指挥部贯彻落实〈教育部直属高校和直属单位基本建设廉政风险防控手册〉对应规范索引》《新校区建设指挥部业务操作规范》《新校区建设工程项目管理手册》和《新校区建设指挥部内务管理规范》。同时,结合项目建设管理工作实际,及时总结相关管理经验,坚持每年对内控"五经"进行修订、补充和完善,不断优化内部控制环境。

（二）做好关键环节主要风险点的管控

能否清晰、准确、全面识别风险点,决定着内部控制后续工作能否顺利开展和内部控制作用能否有效发挥。学校按照内部控制规范中重要性原则,对过程中的项目议事决策、设计论证、招标采购、合同签订、质量管理、成本管控等重要环节进行重点防控。

1. 建立科学的议事决策机制

决策是具有全局性、战略性、长期性以及风险性的重要管理行为和关键环节。学校严格执行《教育部关于进一步推进直属高校贯彻落实"三重一大"决策制度的意见》的要求,坚持科学决策、民主决策、集体决策的基本原则,凡属于须报请分管校领导或校务会议、常委会会议决策的重大事项,均严格履行了汇报、审议和决策手续。例如,所有单体建筑项目在上报教育部进行可研批复前均报请校务会议研究审定；涉及调整标段划分、暂缓项目启动、变更采购方式、经费执行计划、专项资金申报等重大决策事项,提请校务会议进行审议并获得通过后再组织实施。

2. 建立充分的设计论证机制

学校以满足使用单位的用房功能为基本出发点和根本落脚点,积极吸收使用单位全过程参与基本建设项目的功能调查、方案研讨、设计审核等工作。按照"三部曲"方式——"方案设计（专家初步评审、规划委员会评审、校务会议评审）、初步设计（内审）、施工设计（送外审）——重点开展单体建筑的规划设计工作；按照"五步走"方式——设计任务书拟定、方案设计、征求意见、专家咨询、方案评审——重点开展市政设施、校园景观等专项设计工作。通过多方比较、反复比对、技术会商、集体研讨的方式，努力提升项目规划设计的科学性、合理性。

3. 建立规范的招标采购机制

学校统筹考虑基本建设项目资金的年度需求、年内各项资金的具体下达时间、工程整体进度要求和在建工程项目施工进展等因素，科学论证、提前部署，将年度总体采购计划按季度、月度进行时序分解，按类别、内容进行逐项落实，按节点、进度进行滚动更新。严格依照政府采购法、招标投标法等法律法规和学校招标采购相关管理规定，进行采购方式选择、招标文件编制、评分标准设置、招标文件发布、评标报告审核、中标结果公示等关键环节的风险防控工作；严格依法依规对招标文件答疑、评标公示质疑和其他投诉情况开展核查。

4. 建立严谨的合同签订机制

学校严格按照国家和地方有关规定，对合同的拟订、审核、签订、交底、履行、变更、纠纷处理及信息管理等各个环节逐项把关，并按要求实施合同备案工作；严格执行合同审签程序，确保合同签订及时、规范；落实重大合同法律风险论证制度，开展合同洽商、谈判重点研究，保障学校利益；加强对专项工程合同的履约风险分析；强化对项目管理团队、工期进度、成果质量等重点条款执行情况的日常审查，密切监控履约情况。

5. 建立标准的质量管理机制

学校坚决贯彻"项目责任到人、专业分工合作、全面质量管理"的施工现场管控工作总体要求，优化管理模式、实施项目协管、细化人员分工，确保人员到位、管理到位、技术到位、落实到位。始终坚持"策划在先、方案先行、样板引路、过程管理、工序验收"的工作模式，通过技术交底、专题会商、监理例会等工作抓手，抓关键、重细节、找薄弱，严密把控进场关、生产关、质量关、安全关，确保施工全过程可控、全方位在控。

6.建立严格的成本管控机制

工程变更方面,学校通过加强设计图纸研读、组织专题技术会商等方式,对变更方案进行充分、科学、深入的论证,按照"发起变更→跟踪流转→明确意见→完成审批→下达指令→监督实施→核算造价→建立台账"的工作程序严格执行。工程审计方面,学校一是通过安排专业造价咨询单位参与"双标"编制、现场签证及变更预算审核、选型及询价、隐蔽工程跟踪及验收、结算审计等重点工作环节,切实加强基本建设项目实施过程中的造价管控工作;二是按照施工进度及专项资金执行节点要求,及时落实结算资料内控复核机制,保证各业务部门流转审核资料的真实性、完整性,以提升竣工结算审计工作的规范化水平。

（三）压实党风廉政建设责任

学校严格落实党风廉政建设责任制,认真履行主体责任,分管校领导与部门负责人签订《党风廉政建设责任书》,部门主要负责人与班子其他成员签署《党风廉政建设责任书》,副职领导与分管部门工作负责人签署《党风廉政建设承诺书》,层层传导压力、夯实责任;组织员工认真学习《教育部直属高校和直属单位基本建设廉政风险防控手册》,一方面,对标手册修订《业务操作规范》,另一方面,制定《对照规范索引》,将手册中的各项廉政风险防控要求在日常工作中切实加以贯彻落实。注重发挥党支部和党员领导干部在党风廉政建设工作的重要作用,积极配合派驻纪检组履行监督责任,着力增强全体员工廉洁从政的观念、干净做事的意识和提高拒腐防变的能力。

三、工作成效

通过规范的管理体制、严密的过程控制、及时的监督评价,新校区建设工作得以顺利推进。

在质量管理方面,学校新校区图书馆工程获得2020—2021年度第一批国家优质工程奖,是湖北省该年度入选的唯一一项高校类建设工程。此外,新校区建设工程还获得"湖北省安全文明施工示范现场（楚天杯）""湖北省建筑结构优质工程"等省级奖9项,

中国地质大学（武汉）未来城校区图书馆

"武汉市建筑结构优质工程""武汉市安全文明示范工地（黄鹤杯）"等市级奖 14 项，多个项目获评武汉建筑及勘察设计行业"优秀创新项目"。

在进度管理方面，新校区自 2015 年 8 月开工建设，2019 年 8 月完成一期、二期 21 项单体建筑 47.57 万平方米的建设任务，并于当年 8 月完成地理与信息工程学院、材料与化学学院、环境学院、计算机学院、地质过程与矿产资源国家重点实验室、生物地质与环境地质国家重点实验室、国家地理信息系统工程技术研究中心 7 个单位 5000 余名师生的搬迁入驻。

在成本管理方面，新校区建设总投资经教育部专家组评审批复为 30.36 亿元，其中，23 个单体建筑群 26.36 亿元，基础设施及配套工程 4 亿元。根据目前合同签订情况及部分项目结算审计结果，预计实际总投资额可控制在 26 亿元以内，有效地控制了项目的总投资金额。

在安全管理方面，学校紧盯监理单位和施工单位扎扎实实开展安全文明施工的日常巡回检查、专项检查，定期开展场区安全文明施工大检查，认真排查工地各类安全隐患，规范施工作业行为。多项目获评"湖北省安全文明施工示范现场""武汉市安全文

中国地质大学（武汉）未来城校区航拍图

明示范工地"。从开工建设至交付使用，始终保持安全生产"零伤亡、零事故"，廉政安全"零事故"。

加强基建管理规范化建设
构建基建精细化治理体系

东北大学

东北大学深入贯彻党的二十大精神，在教育部的指导下，围绕校园基本建设工作实践，以基建治理体系构建和治理能力提升为着眼点，不断完善基建业务流程，健全监督体系，加强基建管理规范化建设，逐渐形成了科学规范、系统高效的基建精细化治理体系。

一、基本情况

东北大学综合考虑高校基建流程交叉复杂的现实特征，以高校基建治理体系构建和治理能力提升为着眼点，集中优势人力智力，基于全面依法治校、明晰权力关系、立足本地本校、开放持续发展、全面系统支持的原则，探索构建起高校基建精细化治理体系。

该体系是系统思维指导下价值理念、制度体系、权责关系、运行机制、保障系统的耦合统一过程，由价值理念引领治理体系建构，由制度体系、权责关系、运行机制规范治理体系运行，由保障系统确保治理体系形成长效机制并不断深化完善，进而形成了较为完善的基建精细化治理体系。学校围绕该体系实施"11112"工程，有力支撑了该体系在建设实践中发挥重要作用。

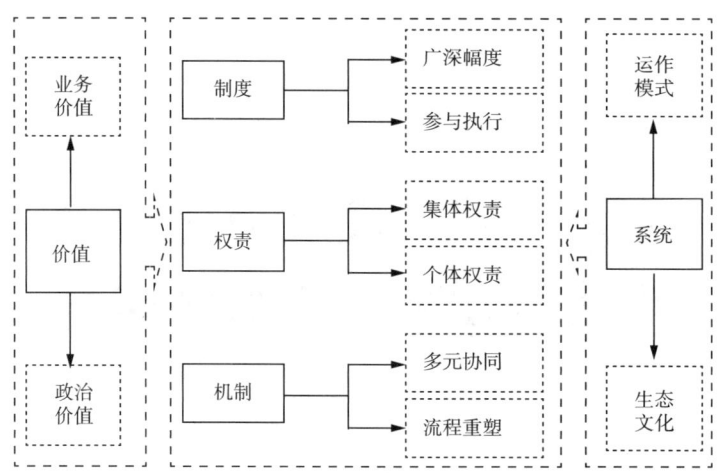

（1）1套管理制度：包含25项治理制度，形成了基建过程管理全覆盖的基建管理制度体系。

（2）1套岗位说明书：涵盖基建全过程管理的核心业务，关键环节和重点业务，实现了不相容的精细化管理。

（3）1个材料设备信息库：采用无甲供材模式，建立并及时更新材料设备信息库，包含土建、装饰等六大部分。

（4）1套基建管理信息系统：不断优化业务流程，完善基建管理信息系统，推进基建管理信息化、精细化。

（5）2套公开出版著作：出版《高校基建项目报批报审报验报档手边书》《筑梦印象——东北大学浑南新校区建设史册》，为项目报建及档案管理工作提供重要参考。

二、工作举措

1. 推进岗位科学设置与轮岗

学校按照基建处负责业务、采购与招标管理中心负责招标、计划财经处负责拨付及决算、审计处负责审计监督、纪律检查委员会办公室（监察室）负责监督执行问责的构架设计，强化"一岗双责"，形成互不相容、互为制约、互相配合的部门不相容制约框架。实施关键岗位轮岗，并组织了专门的业务培训，保证了各个岗位人员的胜任能力。

2. 推进制度建设与业务流程更新

学校陆续建立并不断优化基建管理制度体系，实现了基建过程管理全覆盖。学校对基建管理制度的全面性、制衡性、适应性和有效性进行自我评价、对照检查，梳理完善优化业务流程，确保各项流程均符合教育部相关要求与规范。

3. 加强廉政风险防控与监督制约

学校不断规范集体决策，推进依法行政，对重大工程项目管理重点环节加强监督，制定廉政风险防控措施，形成了事前预防、事中监督、事后查处的权力运行监督机制。学校充分发挥基建工作领导小组作用，对基建工作中的相关事项进行集体审议、决策和监督。

三、突出成效

1. 管理效益

基建精细化治理体系在东北大学基本建设实践中全面应用并取得突出成效。已交付项目荣获各类奖项共 30 余项，获得广大师生一致好评，近年来接待各类参观考察上百场数千人。随后在各校区开展的新项目建设，都以此体系为基本参照，参建方各司其职、勇于担当，实现了建筑品质高、建设效率高、投资收益高、师生满意度高的"新四高"目标。

2. 社会效益

高校基建精细化治理体系形成并被实践验证效果后，学校积极扩大体系辐射范围，将东大经验在基建交流平台与同行分享，让更多基建同行受益。部分高校还专门来校交流学习经验。

3. 附加效益

基于该体系的价值取向和治理模式被社会行业广泛认知认可，东北大学校园基本建设吸引了众多院士、设计大师、央企国企参与，优势的设计与施工力量聚焦效应明显，共同为一流建筑组建一流团队，为一流大学建设一流校园。东北大学基建专业团队逐渐发展壮大，各专业人员齐备、梯队合理，风清气正的干事创业生态已然形成。

四、经验启示

1. 基于新时代治理要求，系统全面地构建了高校基建治理体系框架

基建精细化治理体系优势主要体现在专用性（高校基建领域）、系统性（系统性架构）、全面性（全员、全方位、全过程）、精细性（聚焦治理细节）、法治性（依法治校）、时代性（提升治理能力）上，具有重要首创价值。该体系经实践检验可行可复制，可有效推动高校基建科学化发展。

2. 梳理了高校基建庞杂的内外部关系，更好地服务高等教育需求和行业发展

该体系通过制度、著作、软件等较为系统地梳理了高校基建涉及的庞杂的内外部关系，在厘清关系的基础上预留有限外部接口，并充分引入建筑行业发展成果，主动有效响应高等教育需要，建设成果获师生与同行好评。

3. 充分利用系统化的信息技术，极大释放了基建内涵式发展活力

围绕价值目标，在厘清制度、权责、机制的基础上，引进基建管理信息系统，推动传统短期的"人治管理"模式向长效的"系统治理"模式转变，有效释放人力资源，提高管理人员的主动性与创造性，推动高校基建工作可持续、内涵式发展。

以制度体系完备助力建设项目高效运转

南开大学

一、基本情况

在教育部的关心和指导下,南开大学高度重视基本建设管理工作。特别是津南校区建设以来,为打造一支政治坚定、作风过硬、业务精湛的基建队伍,学校积极在基本建设管理上进行探索、研究,逐步形成了一套特色鲜明、运行高效的管理办法。学校把制度化建设作为加强基本建设管理的制度保障,基建、财务、审计、招标、纪检监察等相关部门协同工作,上下联动,多措并举,形成了各司其职、全面监督的新格局。"没有规矩,不成方圆"。把传统的优势凝固成制度的基础,把所谓的"权力"关进制度的"笼子",建立健全南开大学基本建设制度体系是推进基本建设项目高效运转的重要抓手,是提升基本建设管理水平的重要途径。

二、工作举措

(一)指导原则

完善的制度是所有工作能够正常运行的基础。学校基本建设管理制度建设工作不仅是一项系统工程,也是一项长期的工作任务,主要把握以下三个原则:一是全面性原则，制度要涵盖决策、立项、设计、施工、验收以及投入使用全过程，制度要对基本建设所有业务进行全覆盖，有业务就有制度；二是重要性原则，针对重要的环节和风险点进行风险分析和重点控制，将问题消灭在萌芽状态；三是适用性原则，制度要符合国家、地方有关规定和学校实际情况，精准高效，能够随着外部政策的变化及时修订和完善。

（二）主要内容

1. 完善规章制度，织密制度的"笼子"

学校制定了招投标采购、经济合同管理、工程审计等涉及基本建设管理方面共计19项制度。如《南开大学基本建设管理办法》《南开大学招标采购管理办法》《南开大学合同管理办法》《南开大学基本建设工程管理审计实施办法》《南开大学基本建设工程领导小组议事规程》等，保障了基本建设工作有法可依、有章可循。

学校基建保障处根据行业发展的实际情况及时修订内部制度，编制了《基建保障处工作手册》，细化了立项审批、投资计划、前期报建、规划设计、招标采购、合同管理、造价管理、施工管理、变更洽商签证、验收移交、资金支付、工程档案等方面的工作流程，对基本建设工程的重点环节及关键节点进行规范管理，切实做到以制度推动工作落实。

2. 梳理、优化工作流程，提升基本建设管理效能

基本建设工程在实施过程中具有周期长、投资大、程序复杂等诸多特点。为了让规章制度"活"起来、部门间的衔接"动"起来、手中的权力"关"起来，推动项目执行清单化、流程化、规范化，学校根据实际情况，经过反复讨论、修改和凝练，制定了《项目规划流程图》《工程前期管理流程图》《项目设计流程图》《项目施工管理流程图》《工程变更管理流程图》《工程验收流程图》《工程结算流程图》《竣工财务决算流程图》《材料、设备质量管理流程图》《施工安全管理流程图》等14项工作流程，厘清职责边界，明确各建设阶段任务、环节的顺序和关系，"按图办事""按图用权"，规范建设行为，减少差错的发生，推动基本建设工作职责明确、标准清晰、运行高效。

三、突出成效

学校注重在基本建设管理制度化建设方面下功夫，严格执行教育部建设相关制度办法，形成了具有学校特色的一整套基本建设管理制度，以制度管人，按制度办事，构建立体化、多层次、宽领域的基建制度体系，用严密的制度为学校基本建设保驾护航。特别是2021年，学校按照中央巡视组提出的整改意见，开展了内部组织机构改革工作，基建保障处作为学校组织机构改革的第一个单位，在机构整合后快速运转、高效服务，以行之有效的管理制度推动基本建设工作高质量发展，项目建设呈现良好的发展态势。

以学生公寓10号楼项目为例，该项目建筑面积为2.2万平方米，计划总投资为14072万元。项目开工建设正处形势复杂的特殊时期，天津当地大多数施工现场出现人员流失、进度缓慢、工期滞后，甚至停工的现象。为了保证2023年9月新学生入住需要，学校相关单位勠力同心，倒排工期、稳步推进、紧盯目标、挂图作战，全力克服各种困难，牢固树立按制度办事的纪律观念、执行观念、落实观念，坚持制度执行不走样、不变形、不缩水，重构常态化的工作方式、生活方式、建设管理模式，妥善处理好"变"和"不变"的关系，统筹推进、做好保障，全力推进项目建设提速提效。该项目工程进度重要节点目标均按计划完成，这正是学校制度体系具有强大生命力的生动体现。

学校已基本形成了职责清晰、程序规范、运行有效、保障有力的制度体系。近年来，学校基本建设领域未发生任何违法违纪案件。学校将继续以制度建设为引领，以高质量发展为主线，强化意识、规范管理，全面推动学校基本建设事业高规格、高标准、高质量发展。

四、经验启示

1. 强化制度意识，严格制度执行

制度的生命力在于执行，执行的关键在于执行力。要不断增强制度意识，严格按照制度履行职责、行使权力、开展工作，使执行制度成为习惯，推进制度执行机构、权限、程序、内容、形式和责任等制度化、规范化。

2. 加强部门联动，形成工作合力

基本建设是一项长期的系统工程，基建、财务、审计、招标、纪检监察等相关部门各司其职，分别负责建设项目的组织实施、资金管理、审计监督、招标管理、过程监督等工作，因而要不断优化部门之间协作机制，强化部门之间的协调配合与互动，形成工作合力，不断提高管理效率。

3. 廉政建设融入制度体系

基本建设工程是党风廉政建设重点关注的领域，要常态长效推进党风廉政和反腐败警示教育工作，进一步筑牢廉洁自律的思想防线，增强拒腐防变能力，推进工程建设项目安全、高效、廉洁，为支持"双一流"高校的建设贡献力量。

以标准和制度为依托 建立以技术为牵引的规范化基建管理模式

大连理工大学

近年来，大连理工大学努力贯彻落实教育部对直属高校基本建设规范化管理的要求，不断完善制度体系和工作机制，进一步提升基建管理水平，持续推进建设项目有序开展，为学校双一流事业发展提供有力的支撑和保障。

一、工作举措

建立起以规范和制度为依托的常规精细化管理体系，在标准化、规范化的基础上，针对重点项目采取管理联动机制，建立以技术为牵引的"产、学、研、用"协同创新工作方式。

（一）完善制度，优化流程，强化过程标准化、规范化控制，实现基建精细管理

现有学校制度5项、处内办法和细则19项，根据巡视和审计整改意见重新梳理和建立规划与立项申报、设计管理、招标管理、合同管理、施工组织、变更管理、投资控制、付款管理、竣工交付与保修等9项重点环节流程87个，基本实现基建各环节业务标准化管理全覆盖；制定招标文件和合同标准化模板各6种；建立项目投资标准框架，

从可研到竣工财务决算对项目进行全过程封闭动态控制；科学厘定科室职责边界，加强业务流程内控建设，严格造价控制和严管工程变更；建立和应用材料品牌库保证建设品质；不断拓展基建信息管理平台功能，推动数字化建设，实时监控施工现场，实现移动端审批协同办公，运用"制度+科技"手段，把风险防控的关键节点和要求内嵌到平台中，权力运行全程留痕；建立工作"三张表"监督体系，把学校年度重点工作分解到基建处的目标任务中，工作统筹到月到人，建立自上而下贯彻落实学校党委决策部署机制，形成从分管副校长到基层科员"一盘棋"联动工作局面。

（二）创新协同机制，发挥理工学科优势、建立专家智库，激发"产、研、学、用"等多方活力，以技术为牵引，推进重要项目进展

目前处于建设前期的深海工程创新实验基地项目建筑面积为8100平方米，是个技术工艺极其复杂的大型实验类建筑，要容纳升降浮底、造波机、拖车、风机等多个大型试验设备，设备安装和土建的精密度配合达到毫米级别，国内没有建设先例和经验可循。

大连理工大学深海工程创新实验基地效果图

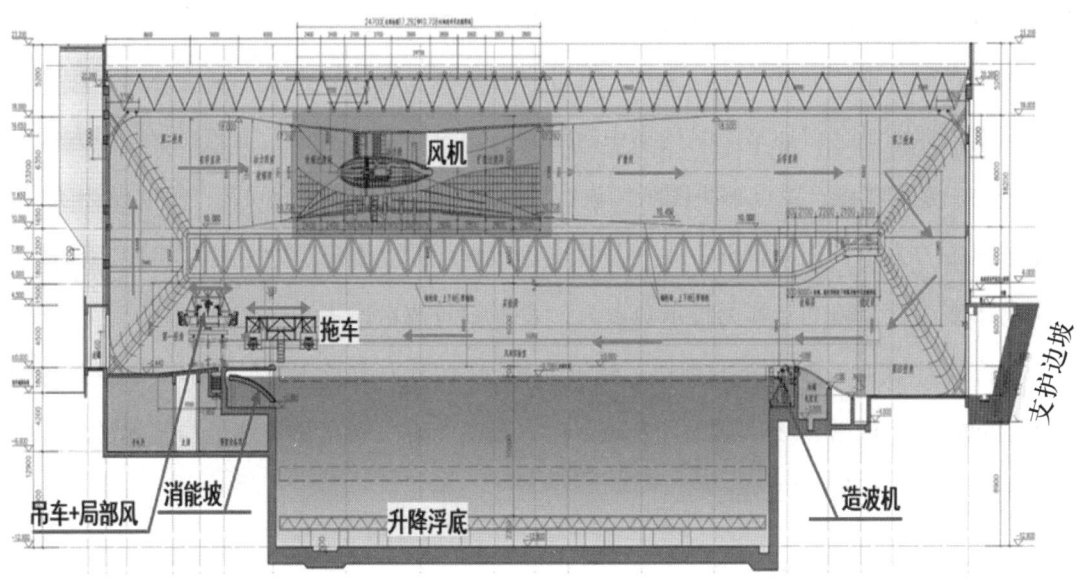

大连理工大学深海工程创新实验基地设计图

西部宿舍方案评选

聚焦"幸福大工",师生共建共享共治!

- 中国建筑设计研究院
- 同济大学建筑设计研究院
- 华南理工大学建筑设计研究院
- 大连理工大学建筑设计研究院
- 建筑与艺术学院教师团队

大连理工大学西部学生宿舍及配套设施(一期)项目方案征集

为克服自身存在的能力短板和经验盲区，基建处采用了以技术为牵引的专项管理方式。一是依靠专家、重点突破。建设条件、选址、方案和投资估算先后专家论证两年达十余次。二是狠抓图纸会审环节。采用集中封闭的形式，让设计人员、工艺厂家、甲方代表集中精力、聚焦图纸，重点解决图纸错误、深度不足、交叉留白等问题，保证设计质量。三是依靠各方力量，创新管理方式。与学校建工学部成立专班，建立协调机制，聘任学部具有丰富工程经验的专家为技术负责人，发挥科研技术作用。

西部学生宿舍及配套一期项目，建筑面积近 10 万平方米。为早日解决学生宿舍面积不足问题，项目于 2022 年 12 月启动，在方案设计阶段联合学校建筑与艺术学院，以竞赛方式进行了广泛的方案征集。

二、突出成效

近两年，学校基建管理工作呈现良好的发展态势，取得了系列建设成果，顺利实施各类建设项目 22 项，总建筑面积约 44 万平方米，已交付 12 项，前期准备项目 2 项。

（一）上级驱动、自身引导，内部为主、全员参与，以规范和制度为依托的基建管理工作格局全面形成

标准是业务活动和发展的技术支撑，是基础性制度的重要方面。基建各阶段各环节实施参建单位全员参与业务型和事务型的标准化、规范化管理，明确业务主要风险与关键控制措施，落实各项举措，以制度约束权力；用流程规范管理，形成有效的内部控制规范体系，加强廉政风险防控，提高建设质量、有效提升效率，有力控制投资，实现了监督与效率、"质量、进度、投资"的有机统一，将每个项目资金有效控制在教育部批复预算范围内。

（二）推动前期设计能力建设，重视专家咨询作用，以技术为牵引、开放融合的基建管理创新体系逐步形成

建立了关键环节、关键技术、重大问题的专家论证和评审机制，充分发挥专家智

力支持作用；发挥综合研究型学科优势，汇聚师生，有效发挥技术先导效能。在重要项目的前期阶段，提高了决策的科学性、造价控制的有效性。一是深海工程创新实验基地项目，采取以技术为牵引模式；二是西部学生宿舍及配套一期项目方案评审，充分发挥学校本身的学科优势和专家实力，激发"产学研用"多方动力，发动学生和校友积极参与投票，获得了数量较多的高水平方案，做到了方案设计、项目公示、专家评审一次性完成，缩短项目前期时间近 1 年、节约方案设计费 100 万元。

三、经验启示

一要在教育部指导下，切实贯彻落实规范化要求；二要以"强基础、固基本"为导向，提高基建管理能力；三要强化新发展理念、系统观念，协同融合创新。学校将吸收各兄弟院校管理经验，弥补短板，切实为改善学校办学条件，提升服务保障品质而努力。

强化监督机制下有效配合的内外部联动管理体系建设

北京邮电大学

北京邮电大学沙河新校区于2013年动工建设。经过十年基本建设项目管理实践探索和经验积累，学校基本建设管理机制实现由粗放式管理逐步向系统性、精细化管理转变，逐步形成了通过强化校内各部门、处内各科室之间的监督，加强部门间联动配合，合力共同推进项目建设的管理机制。近些年，学校基本建设项目管理水平明显提高，建设项目投资管理有效，节约了大量建设资金。

一、部门间监督配合机制

为推进学校沙河新校区建设，学校成立了沙河校区建设指挥部。指挥部由分管校领导牵头，核心由基建处、采购与招标办公室、财务处、审计处四个部门组成。对于基本建设项目推进过程中的重大、关键事项，需至少三个职能部门参与研究，再由指挥部专题会集体研究决策。按照工作职责，主责部门牵头、相关部门参与，既是对关键环节的监督，也是相互配合了解工作的过程，做到了工程建设管理和沟通的及时化、透明化，形成了职责明晰、分工深度合作的基本建设管理模式。

1. 招标阶段

采购与招标办公室负责组织实施基本建设项目的相关招标工作，基建处、审计处参与。

从入围的工程采购代理机构名单中选取招标代理机构，由采购与招标办公室提供代理机构情况、工作业绩、拟派人员综合能力等信息，由沙河校区建设指挥部专题会审议选取。招标代理机构负责资格预审文件和招标文件的编制。基建处和审计处分别聘请造价咨询公司和全过程审计公司"背靠背"编制工程招标清单及控制价文件，并组织两家咨询公司对审造价文件。资格预审文件、招标文件及造价文件经沙河校区建设指挥部专题会集体研究确定后，由采购与招标办公室履行校内审批程序。

2. 施工阶段

基建处在施工过程中对设计变更、工程洽商等涉及工程费用变化的事项实施严格管控，财务处、审计处参与相关工作。

基本建设项目施工过程中产生的洽商变更，由基建处内部工程、预算、设计等管理人员联合初审后，报审计处，由其委托的全过程审计公司出具审核意见。财务处实时监督项目动态投资情况。根据基建处、审计处审核情况，由分管基建校领导组织基建处、财务处、审计处进行专题研究确定后，基建处履行校内审批程序。

3. 结算阶段

基建处、审计处负责基本建设项目竣工结算相关工作，财务处、采招办参与相关工作。

基建处督促施工方提交竣工结算报告及完整的结算资料。对于结算的审核，基建处侧重竣工结算资料，特别是洽商变更、工程签证等涉及结算金额的资料的真实性、完整性；审计处侧重竣工结算工程量、结算金额的审核，并组织核对工作。针对结算过程中出现的争议问题，审计处、基建处充分沟通研究形成一致意见后，共同和施工单位谈判。财务处、采招办就工程投资情况、按合同履行情况等参与相关环节。工程项目结算情况，报沙河校区建设指挥部专题会审议。

4. 决算阶段

财务处负责竣工财务决算编制和报审工作，审计处负责委托有相应资质的会计师事务所完成竣工财务决算审计，基建处提供基础资料，资产处负责设备类固定资产的确认。财务决算过程中，建立顺畅的沟通机制，降低信息传递成本，加快了竣工财务决算进程。

二、处内监督配合机制

基建处下设综合科、规划科、设计科、预算科及工程科。多科室联动参与建设项目的全过程论证决策，实现工程建设多方位专业化管理，特别是需求论证、招标清单编制、合同制定、洽商变更、工程结算等影响项目投资控制的关键环节。基建处坚持采用两个科室及以上参与把关的方式推进相关工作，保证工程建设管理系统性，实现了科室内控的目标。

三、取得的成效

1. 基建项目投资控制成效显著

近年来，学校基建项目竣工财务决算金额较教育部可研批复投资额均有一定节约。近三年完成竣工财务决算的 6 个项目，平均投资节约率为 6.7%。

2. 竣工结算时间大幅度降低

基建项目无法按时完成竣工财务决算的主要原因在于结算时间过长。学校通过优化结算流程，减少审核过程中沟通周期，将竣工结算时间缩短至 6 个月内，确保了竣工财务决算的按时完成。

3. 形成良好基本建设管理氛围

基本建设管理流程多部门的共同参与，一方面增强了相互监督，实现了内控落地落实；另一方面增加了部门间对于相关工作的了解，提升了信任度，形成了相互监督、相互配合、责任共担的良好基本建设管理氛围。

分工负责　部门联动　提高工程管理效益

北京中医药大学

北京中医药大学高度重视基本建设管理工作，在校区建设中创新建立联动机制，完善运行管理模式，提升集体决策效率，以"分权制衡、部门联动"为原则，制定监察、财务、审计、招标、基建等职能分离、相互监督、互为促进的运行模式，不断提高基本建设科学管理能力和工程管理效益。

2013—2023年，十年磨一剑，北京中医药大学基建人在北京大西南郊、良乡刺猬河畔用智慧和汗水让汉唐文化建筑再谱绚丽篇章，有力推动了学校"双一流"学科建设高质量发展，建设完成了深度凸显北中医特色的绿色理念文化校园。

一、基本情况

根据教育部相关文件要求并结合学校建设实际情况，学校创建了"分权制衡""联席会议""三级会议"等常态化管理模式。并紧盯基建新任务新形势，与时俱进，不断总结完善补充，修订形成了第三版《北京中医药大学基本建设规章制度汇编》，确保了规章制度的创新性、时效性、科学性，搭建了科学合理、程序严密、高效运行的现代化制度体系，进一步规范了基本建设管理工作。

二、工作举措

1. 坚持分权制衡、相互监督，强化内部控制和风险把控能力

创建"分权制衡"模式，项目实行职能分离、部门联动、相互监督、互为促进的运行模式。资产管理处负责"造车"——招标及资产转固，基建处负责"油门"——项目施工管理，审计处负责"刹车"——全过程及结算审计，财务处负责"加油"——资金支付及项目竣工财务决算，纪委办公室、监察处负责"方向"——监督保障工作，有效规避了基本建设风险，提升了风险把控能力。各部门分工归口负责、相互监督约束、协调配合促进，保证了项目在良性循环的轨道上高效、安全平稳推进，实现了工程建设领域的廉政建设目标。

2. 坚持部门联动、共同把脉，提升基建管理合力和效能

创建"联席会议"机制，以基建、党校办、财务、资产、审计、后勤、保卫、信息中心8个相关职能部门作为常务部门，不定期研究解决工程建设中的重点和难点问题。各部门会前充分酝酿、征求意见，会上充分论证、科学决策，做到分进合击、形成合力，大大提升了决策效率。项目实施的主要阶段、关键节点，相关部门全程参与、各负其责，成为推动校区建设的一个特色亮点和重要组织形式。

3. 坚持集体研究、科学决策，提高工程管理水平和运行效率

创建"三级会议"机制，实行校长办公会和常委会、校区工程建设指挥部联席会、指挥部工程例会议事机制，严格按照学校"三重一大"程序进行研究决策。

每周召开一次工程例会，研究工程进度、存在问题和相应措施，审议相关议题、资金使用等内容；遇到施工难点问题、专项工作内容，做到问题不过夜、方案不落灰、预算严把控、制度严落实的"军事化"运行机制，通过科学的会议议事规则及高效决策运行体系不断提高工程管理效益。

工期管理效益一直是重中之重，学校建设项目2013年探索式开工，2017年顺利度过了摸索期。目前，所有开工建设的项目均已竣工验收，并且60%的建设项目在确保

质量、安全生产的前提下提前竣工验收，保证了顺利完成上级部门的资金执行任务和学校招生教学安排。

三、突出成效

完善的制度、科学的程序、高效的管理，保证了工程项目的安全、质量和进度。

一是风清气正筑生产，阳光工程交答卷。教育部巡视、校长任期审计、国家审计署延伸审计、基本建设专项检查中无重大问题，获得检查组同志的充分肯定。

二是新建改造齐奋进，新老校区共协同。良乡校区建设与和平街校区改造同步进行，新老校区功能互补、一脉相承、特色发展。

三是文化传承强自信，回望蓝图绘成实。良乡校区每两年实现一次快速跨越，2015 年首批新生入住，2017 年教学主体搬迁，2019 年学校整体迁入，创造了"北中医速度"，彰显了"北中医魄力"。

四是追求卓越促发展，大美至善展风采。2020 年北中医获得了第二届"全国文明校园"，2021 年北中医基建处获得"首都全民义务植树先进单位"，2023 年北中医基建处党支部获得北京高校先进基层党组织，彰显了北中医的风采。

四、经验启示

1. 健全制度、规范程序，始终把制度程序挺在前面，坚持按章办事、按程序办事

制度和程序就像《本草纲目》的纲和目一样，医生用药和校区建设都要依法依规执行。基本建设管理最终也要落实到制度层面和程序规则上。因此，在基本建设管理中，不断完善各个环节健全的、合理的制度和程序，是实现基本建设管理规范化的首要任务，是实现基本建设规范化管理的基础和保障。

2. 分权制衡、部门联动，凝聚集体智慧和力量，确保基建管理质量和效益

基本建设管理是由多单位参与、多部门相互协作配合的一项复杂工作，项目论证、

图纸设计、清单编制、项目施工、竣工验收、审计结算、财务决算、资产转固都需要多部门共同参与、配合、把关才能顺利实施。因此，要建立常态化部门联动机制，使各部门之间既相互联系、相互依存，又密切协作，分权制衡，做到群策群力、共克时艰，为基本建设规范化、高效化、科学化管理提供有效支持。

校 园 建 设

科学编制校园规划 探索规划实施路径

清华大学

为进一步加快建设世界一流大学，有力支撑学校事业发展，清华大学于2017年全面启动《清华大学校园总体规划（2021—2030年）》编制工作。在规划编制工作中，学校全面贯彻中央精神，以习近平新时代中国特色社会主义思想为指导，坚持以人民为中心，贯彻创新、协调、绿色、开放、共享的新发展理念，坚持高质量内涵式发展。本次校园总体规划编制是建校以来的第十次，在组织体系、技术路线、工作内容、规划实施等方面均进行了探索和创新。2020年12月，《清华大学校园总体规划（2021—2030年）》编制完成并形成82项行动计划，全面进入实施阶段。

一、主要做法

结合校园规划的特点，从业务执行、规划编制、技术支撑、规划决策等方面建立工作机制，保障规划有序推进和高水平编制。项目启动之初即成立校园规划领导小组，由校长担任组长，相关各部门共同参与，全面统筹协调校园规划编制工作。在领导小组成立之后迅速成立专家咨询委员会，由城市规划、建筑设计、遗产保护、交通规划、能源管理、人文社科等各领域专家组成。专家们结合规划编制需要提供技术咨询和审查，对专题研究和总体规划的中期成果和最终成果进行技术审查，为编制高质量的技术成果提供支撑。制定校园总体规划行动计划，强化目标和任务导向，细化牵头和参与部门，明确任务完成时间和标志，构建"专项领导、双轮驱动、部处协同"的规划实施评估组织机制，从统筹决策、部门联动、公众参与、日常监管和评估调整等多个方面完善规划管理机制，推动校园总体规划落地实施。

1. 优化空间资源利用，建设集约高效的校园

应对事业发展对空间的需求旺盛与主校区空间承载力有限之间的矛盾，采取主校区外部合理布局和主校区内部优化提升相结合的空间策略，严格控制主校区的建设规模。主校区重点保证教学和科研功能，疏解不适宜和没必要布局在主校区的产业、培训等功能。同时加大地下空间利用，新增地下空间用于满足文化展示与交流、地下停车、市政等功能需求，并做好远景地下空间资源储备。

2. 保护历史提升景观，建设人文日新的校园

编制《清华大学文物保护规划》，严格保护校内国家和北京市已确定的文物、历史建筑、优秀近现代建筑等保护对象及其他具有保护价值的早期建筑、历史园林和历史景观。

强化景观带等结构性要素的整体打造，划定体现不同时期校园特色的空间单元，面向风貌协调和功能混合加强分区管控引导。将景观提升与环境育人相结合，提升室外空间品质。优化室外空间功能，提高绿地的使用率，提升校园夜间照明环境。

3. 提高保障服务水平，建设绿色智慧的校园

改善校园交通环境，采取弱机动化交通发展策略。完善市政设施建设，强化市政支撑能力。加强供水、电源和气源与外部的衔接，提升设施的安全保障。优化服务设施布局，提升校内服务水平。落实节能减排要求，推动资源节约利用。加强人本关怀，推进通用无障碍校园建设。完善智慧基础设施，支撑数字校园建设。

4. 加强内外协调互动，建设开放包容的校园

加强主校区与周边区域协调，积极利用主校区周边资源促进功能疏解和完善配套服务。加强交通协调，与周边城市交通设施衔接，推进区域交通环境改善提升。加强景观协调，对接落实区域性水系、绿化和景观改善工程，优化校园与周边区域的界面。

加强主校区与其他校属资源协调。加强主校区与北京市其他校属资源、国内外其他空间布局的功能协调，实现不同空间互利互补发展，共同支撑事业发展需求。

5. 配套实施保障措施，建设有序更新的校园

编制管控导则，完善校园建设管控依据。针对校园建设重点，编制校园空间开发、空间环境特色、景观风貌和通用无障碍等管控导则，加强建设引导。制定行动计划，指导校园规划有序实施。制定包括空间资源优化与功能提升、空间环境特色与品质提升、保障能力与服务水平提升等3大类，共16小类和82个事项的行动计划引导实施。

二、成效经验

1. 坚持规划引领，突出理念先行

传承以规划引领校园建设的优良传统，借助规划凝聚共识以适应新时期规划背景变化，积极应对校园空间资源管理，依据规划对校园全要素进行空间管控，促进空间资源高效利用和空间品质不断提升。

落实"世界一流大学"战略定位和四大规划理念，确定"建设人文、绿色、开放、智慧的世界一流大学校园"的目标，并制定体现人文、绿色、开放、智慧的指标体系，有效支撑学校事业发展。

2. 创新工作模式，高质量完成校园总体规划编制

一是多方广泛深度参与。成立校园规划领导小组和专家咨询委员会，多次听取规划汇报。明确各专题研究的责任单位和协作单位，各部门深度参与。结合专题研究和总规编制的多个阶段，采用问卷调查、现场征询、访谈座谈、学生竞赛等多种方式，实现

师生与校友广泛参与。

二是组织先导性规划和专题研究。学校启动事业规划、空间布局战略规划等先导性规划，为空间规划提供必要的依据。针对重点难点问题，确定空间资源统筹、空间环境特色提升、生态景观提升、交通系统优化、绿色校园提升和智慧校园建设等六项专题研究，为问题深入研究和有效解决提供了保障。

3. 深化行动计划实施机制，稳步有效推进行动计划实施

为充分保障校园规划实施，从统筹决策、部门联动、公众参与、日常监管、评估调整等方面建立全面完备的校园规划实施机制。

2021年、2022年，在推动完成"十四五"期间总体规划行动计划两轮实施评估工作基础上，不断完善规划评估的工作体系和工作方法，针对性地归纳总结规划实施中的具体问题，形成实施机制调整建议，并经校园总体规划实施专项领导小组会审议通过，在此基础上进一步建立常态化、年度化的规划体检评估工作体系，有效推动校园规划行动计划实施进程，保障总体规划实施质量。

坚持规划先行 建设"世界一流、北京最美、独具风格、人大气派"的新时代示范校园

中国人民大学

规划科学是最大的效益,规划失败是最大的浪费,规划折腾是最大的忌讳。中国人民大学通州新校区建设始终坚持以习近平新时代中国特色社会主义思想为指导,坚持规划先行,全力以赴打造"世界一流、北京最美、独具风格、人大气派"的新时代示范校园。

一、聚焦师生需求,科学制定规划设计任务

设计任务书是规划建设工作的起点。面向使用管理单位和师生代表,通过座谈会、填写问卷、走访调研等多种方式深入开展用房需求调研工作,结合各类功能用房指标、设计规划条件、项目设计要求、设计成果要求等内容科学编制规划设计任务书。同时,关注师生使用体验,调研中关村校区使用单位、后勤物业管理单位等部门,了解用户体验,收集使用运维过程中的问题,提出解决思路,编入设计任务书。

二、汇聚各方智慧，优化完善规划设计方案

规划设计方案在新校区建设中发挥重要引领作用。在规划设计阶段，通过公开展示、专家评议、方案投票、师生校友座谈等多种途径征询知名院士、专家学者、教代会、学生会、校友会、退休职工等校内外意见和建议，汇聚各方智慧，不断优化完善规划设计方案。据统计，累计8000余人次参观校园规划、设计导则、建筑方案国际征集等公开展示，900余人次投票表达新校区核心区国际征集入围方案意见和建议，组织召开120余次需求调研、设计方案征求意见座谈会。

三、国际征集总体规划

按照"世界眼光、国际标准、中国特色、高点定位"的总体要求，学校面向全球征集通州新校区总体规划。新校区总体规划按照"一核、两轴、多中心"的规划框架，统筹考虑教学、科研、实验、办公、交流、活动、生活、锻炼和休闲等功能需要，注重资源共享和学科交融，形成功能齐全、布局合理、层次分明、空间活跃、独具特色的校园环境，突出"绿色生态校园、人本人文校园、兼容开放校园、智慧科技校园、持续生长校园"的规划特色。

四、率先编制设计导则

为深入贯彻落实党中央、国务院批复的《北京城市副中心控制性详细规划（街区层面）（2016—2035年）》精神和要求，营造具有"人大传统、人大品质、人大气派"的特色校园空间，在国内高校中率先编制了校园规划设计导则，从建筑特色、园林景观、地下空间、交通组织、绿色低碳、智慧科技等六方面提出设计准则和控制要点，为各单体建筑设计提供参照遵循，实现新校区建筑风格丰富多元与和谐统一。

五、全面开展专项规划

为全面落实"世界一流、北京最美、独具风格、人大气派"的新时代示范校园建设目标，组织经验丰富、业绩突出的10余家设计单位围绕新校区建设基础性、全局性、战略性的最重要建设内容，对照北京城市副中心高质量发展各项要求，开展了深入细致的专项规划，主要包括：园林景观、地下空间及人防工程、基础设施、路网交通、综合管廊、沿街景观、智慧校园、海绵校园、无障碍设施等。

六、深入研究专项方案

针对师生最为关切、建设量大的校园基本功能用房，如智慧教室、学习中心、学生宿舍、师生食堂等开展专项研究，形成同类设计专项方案。通过研究教室空间布局、室内装饰装修、智慧教学系统设备等，打造阶梯授课教室、平层讨论教室、预约讨论教室等多类型智慧教室体系；满足学生自习、研讨需求，设计建设包含讨论区、自习区、自助服务区、预约讨论室在内的动静分区、多元化学习中心；学生宿舍组团充分体现"一站式"学生社区理念，规划24小时自习室、研究讨论室、党团活动室、自助超市、健身房等配套设施；将食堂和学习中心结合起来设计，打造以"中央厨房"理念为基础的中心食堂、绿色食堂、智慧食堂、全时食堂，实现食堂由单一功能向多元利用转变。

七、系统进行建筑设计

突出设计质量在工程建设的引领作用，通过公开招标、方案竞赛、国际征集等方式，广泛遴选国内外顶尖设计单位，由勘察设计领域知名院士、大师主持设计，按程序做到设计方案优中选优，重点做好建筑设计、室内装修、园林景观、夜景照明等四方面精细化设计。建设过程中，不断潜心优化、深化、完善图纸细节，加强建筑风貌、色彩材质、功能布局、公共空间的品质把控，融入人民大学文化元素和建筑景观记忆，塑造"现代雅致、功能优先、协调多元、人文风采"的校园风貌。

八、切实提升工程质量

全面推行智慧建造技术，严格执行技术先行、方案先行、样板先行制度，落实进场建材检测验收制度、总包三级质检和监理验收制度，严控工程质量；紧盯安全总监、安全员到岗履职情况，严格落实现场安全教育和安全检查，确保现场安全；建立质量安全专家库，邀请专家按照更高质量要求、更严安全标准，检查指导督促各建设项目质量安全工作。

此外，在施工建设阶段，组织"走进新校区、筑梦新使命"主题党日活动，2100余名师生党员代表走进新校区施工现场，积极建言献策；围绕学生宿舍样板间建设，3次发放调查问卷110余份，就宿舍家具、储物空间等15个问题征求师生意见；多次邀请学代会、研代会代表、民主党派与无党派人士代表来新校区参观交流，推动师生民主参与，不断优化提升在建工程功能质量。

导则引领　规划控制　协同建设
——南京大学苏州校区规划建设实践

南京大学

建设苏州校区，是南京大学联动落实习近平总书记建设"第一个南大"重要指示和"强富美高"新江苏建设的主动作为，是服务长三角一体化发展国家战略和区域经济社会发展的重大工程，是构建"一校两城四校区"办学新格局的具体行动方案。为了更好地推进苏州校区校园规划建设工作，进一步提高校园规划建设水平，在教育部的大力支持下，学校邀请了教育部学校规划建设发展中心为苏州校区编制规划建设技术导则，为校区规划建设工作提供专业指导和技术支持。

一、基本情况

南京大学苏州校区位于素有"真山真水园中城"美誉的苏州高新区，是"环太湖科创圈"和"沿沪宁产业创新带"的黄金交汇点，享有得天独厚的地理环境和区位优势。校区规划总占地1122亩，总建筑面积约107万平方米，整体规划建设坚持智能化、生命化、集约化、人文化、现代化、国际化的定位，着力打造高品质、高特质、高颜值的一流校园。目前，苏州校区各项建设进展顺利，一期东区工程（约32万平方米）已竣工，并已于2023年9月正式启用，迎来首批师生入住；二期西区工程（约75万平方米）已全面开工，计划于 2025 年竣工启用。

二、工作举措

苏州校区的规划建设是建设"第一个南大"的关键阶段，为构建高质量的办学保障体系，苏州校区规划建设从导则引领、规划控制、协同建设三个方面积极探索创新型校园规划建设方案。

1. 导则引领

苏州校区规模较大，其在设计、建设与运营过程中，需要统筹考虑规划设计系统协同性和多方建设参与衔接性，引入校园规划建设技术导则显得尤为必要。通过编制导则，落实南京大学的学科发展目标以及苏州校区的功能定位，在全面开展基地诊断、现状分析及案例借鉴的基础上，科学梳理解读总体规划方案，并以后续实施和运行需求为导向，制定合理的规划控制和建设实施导引。导则全面考虑了建筑设计、文化景观、绿色生态、能源资源、智慧校园以及投资造价等内容，以系统性研究、前瞻性引导和合理性控制，将顶层设计理念和要求一贯而终，提高规划建设理念与后续落地实施之间信息传递的准确性。

2. 规划控制

以导则为引领，苏州校区在总体规划设计过程中，充分参照和落实导则中有关校园建设各模块制定的原则纲领，从顶层设计的维度在空间形态、立面色彩、体块关系、建筑高度等方面制定控制要点，为各设计单位提供指导，力求做到协调统一、和而不同。

3. 协同建设

苏州校区的建设主体是政府专门成立的代建公司，而非学校。为了实现建设"国际一流校园"的目标，苏州校区特成立项目建设部，与代建方对校园建设实行协同管理。在建设过程中，项目建设部在设计图纸审核、材料样品管控、施工质量监管等方面不断深化与代建方的协同机制建设,保持密切沟通,加强事前控制,目标一致共同打造精品工程。

三、突出成效

南京大学苏州校区在规划建设中不断探索研究能够支撑学科高质量发展的物理空间范式,积极应用更为高效的基本建设管理方法和工作机制。

在"导则引领 规划控制 协同建设"的工作实践中,导则的编制很好地诠释了总体规划方案,为相关参建方提供了共同开展工作的基础,有效地指导了后续的各项规划建设工作,保障校园建设与学校发展高度匹配以及高标准、高质量落地。在规划控制下,校园整体分区科学合理、秩序井然,空间形态、立面色彩、体块关系、建筑高度等均实现了较好的协调统一,打造出新时代校园建筑标杆。在协同建设过程中,通过协同管理机制的不断深化落实,学校与代建方的矛盾分歧日趋减少,价值观不断趋同,事前控制效果日益显著,建设标准不断提升,工程质量持续改善,建设效果得到社会各界广泛好评。

四、经验启示

1. 要加强组织领导,做好校园规划建设顶层设计

南京大学苏州校区建设工作领导小组从项目伊始便开始深入研究、认真擘画,对于"为什么建设南大苏州校区""建设什么样的南大苏州校区"以及"如何建设南大苏州校区"给出了详尽的路线规划,为各项工作顺利开展提供了明确指引。

2. 要借助外部专家力量,做好系统研究和技术支撑

从编制规划建设技术导则,到采用建筑大师集群设计模式,再到教学空间、实验空间、能源中心等设计过程均开展专家论证,苏州校区通过引入第三方力量加强对校园规划建设的系统研究和技术支撑,不断提升校园规划建设水平。

3. 要完善工作机制,确保各方合作高效开展

从市级层面的校地领导小组会议机制,到区级的建设协调会议机制,再到建设一线的协同管理工作机制,都是推进南京大学苏州校区高质量、高标准建设的重要工作保障,对于建设过程中的重大事项、矛盾分歧建立起有效的决策体系,为各项工作开展提供政策支持和事实依据,确保工程建设高效推进。

做好校园规划及建设导则编制管理工作
保障西海岸校区建设稳步推进

中国海洋大学

一、建设百年校园，续写发展新篇

中国海洋大学作为"世界一流大学建设高校（A 类）"中唯——所海洋大学，担负着服务国家和地方重大战略需求的历史使命。建设西海岸校区前，学校已有三个校区，但受客观因素影响，实际可用于教学科研的土地面积较少。同时，作为国家海洋人才培养和科技创新的重要基地，长期面临没有专用船舶码头、濒海实验基地和海上试验场的瓶颈问题。2014 年，青岛市委、市政府有关领导调研学校时指出，青岛市要全力支持好中国海大的发展，特别是要从空间布局上加大支持力度。学校紧抓这一机遇，最终选址在青岛西海岸新区古镇口建设新校区。2016 年 11 月 1 日，青岛市人民政府和学校签署合作框架协议，确定在青西新区古镇口军民融合创新示范区建设海洋科教创新园区（西海岸校区）。这是学校百年难得的机遇，也是推动学校向着特色显著的世界一流大学持续有力发展的重大举措。

西海岸校区占地约 2800 亩，规划总建筑面积约 185 万平方米，建筑容积率约为 0.8，容纳在校生总体规模 2 万人，2022 年完成一期建设，在校生规模达到 7000 人，定位为濒海实验基地和海上试验场、工程技术学科群和研发基地、海洋发展战略研究领域协同

中国海洋大学海洋科教创新园区（西海岸校区）鸟瞰图

创新中心、融合发展创新示范区、体制机制创新试验区。

二、强化规划引领，擘画发展蓝图

（一）做好校园规划的掌舵人

校园建设是一个复杂的系统工程，规划是设计的基石，为做好校园设计，学校认真研究校区周边环境，熟悉校园布局规范和要求，仔细考虑校园文脉传承，做到谋定而后动。在校园规划设计过程中，学校一方面对设计单位的创作给予充分支持，助力灵感迸发，从而催动校园建设之帆飞扬；一方面通过协调交流调整等管理工作精准把握方向，做好掌舵人，确保规划设计既合乎规范，又符合预期。

1. 谋好篇

为建设一个美丽的百年校园，学校分别于2017年6月和9月召开推介会、宣讲会介绍学校文化、办学理念、特色和未来发展等，吸引 9 家国内外顶尖的设计单位投入校区规划，为形成高水平的校园总体规划方案奠定了坚实的基础。同时，全面开展学习调研，赴上海、苏州等地，清华大学、南开大学等兄弟高校学习新校区规划建设经验。2017 年 11 月 29—30 日，学校召开总体规划及一期建筑概念性设计方案评审会，邀请专家评选出 5 个优秀方案，综合考虑专家、师生、校友、政府等各方意见，研究确定由同济大学建筑设计研究院（集团）有限公司（主体）和上海同济城市规划设计研究院进行西海岸校区修建性详细规划设计。

2. 开新局

在确定修建性详细规划设计单位后，学校召开功能布局规划高校专家论证会，听取有新校建设的兄弟高校具有丰富规划与建设经验的专家的意见建议。2018 年 1 月，学校研究确定西海岸校区功能布局方案。

3. 把好关

在设计单位完善修建性详细规划过程中，学校与设计单位始终保持密切联系，全

中国海洋大学海洋科教创新园区（西海岸校区）总平面图

过程参与方案设计，把牢定盘星，因地制宜提要求，对方案的科学性、适切性、发展性进行把关，紧密协同配合，对于出现的偏差及时更正，确保设计既有鲜明的海洋特色，又有百年海大的沉稳底蕴。经双方共同努力，西海岸校区修建性详细规划及一期建筑方案设计最终在2019年通过西海岸新区有关部门审议。

（二）做好引领方向的前行者

一流大学需要一流的校园来承载和支撑，学校高度重视西海岸校区建设，决心追求卓越，建成经典，利用新校区建设的契机为学校发展注入新动力。为把控新校区建设方向，实现校园布局和建筑风貌整体性、一致性，2019年，在教育部学校规划建设发展中心指导帮助下，西海岸校区校园规划建设技术导则成功成为教育部直属高校中首个通过专家评审的规划建设技术导则，以"双一流"建设为目标确定校区功能定位，承上启下，是宏观规划与具体建设的枢纽，既有原则性，也留有创新空间，为下一步各子项目建设提供了遵循和指导。导则编制过程中，学校领导高度重视，召开汇报会、评审会听取成果汇报，有关单位陪同编制组专家赴学校各校区进行多次实地考察，围绕校区当地政策、校园规划情况、实施过程中的难点堵点等展开多次交流讨论，在碰撞过程中发挥主体作用，不断明确学校的愿景和想法，最终促成了导则的成功编制，为学校提供了高效的管理抓手。

三、精心强基固本，汗水绘就新画卷

通过校园规划设计和规划建设技术导则的编制，校园定位和布局得以确定，后续设计、建设工作在此基础上实现了有效的可持续发展，基于此，西海岸校区美好蓝图逐渐在建设中变为现实，在2022年9月圆满完成了一期项目建设和搬迁启用工作，校区正式投入使用，完成一期700余亩10个项目建设，建成校舍建筑面积约60万平方米。

西海岸校区校园规划与西海岸新区、周边环境、学校其他校区高度和谐，同时又具有滨海校园特有的浪漫气质，独具一格，通过构筑"古典、近代、现代"三个建筑风貌带，展现了海洋大学百年风情，完美诠释了新校区历史传承和创新的主题。通过"外

中国海洋大学海洋科教创新园区（西海岸校区）现状

紧内松、西北高东南低"的强度与高度控制，"近封闭、远开放、灵活可变"的共享管理模式，连续性、网络化的步行体系解决了超大校园的交通、生活等问题，通过"双通廊＋三片区"空间结构，"借山海，造林河"，打造出"整体感、可调节、自生长"的可持续发展校园。

四、做好校区规划建设的经验和思考

1. 强化顶层设计，完善规划体系

新校区建设之初要注重科学统筹，要与学校事业发展规划、各项重点工作紧密结合，强化顶层设计、总体布局和系统谋划，做好与上位规划的衔接，做好校园风貌文化的传承，科学优化功能布局，明确各阶段具体任务，形成有机衔接、整体协调的规划体系，注重科学性、协调性和可操作性。

2. 加强管理协调，密切协作配合

规划设计直接关系到校园整体布局和功能划分，意义重大，既是建设工作的根基，也是必要的技术手段，表达的不仅是建筑外观风貌，更是校园内在气质，加强二者的沟通连接，才能由表及里，实现和谐统一。在规划设计过程中，作为使用单位的校方要积极主动参与设计工作，发挥管理者的主导作用，确保方案不偏不倚，兼具功能性、实用性、美观性。

3. 高质量编制导则，可持续推进发展

校园建设的系统性、整体性极为重要。新校区建设过程中，校园建设与学科建设需求脱节、规划方案与建设实施脱节、发展理念与前沿技术脱节、"千校一面"等问题时有出现。编制校园规划建设技术导则对于解决上述问题，落实顶层设计思路、统领专项规划及实施方案、指导校园规划设计和建设管理工作的系统化、规范化，把控和细化总体规划建设方向，保障校园建设与学科发展高度匹配及高标准、高质量落地具有重要作用。

4. 靶向投资聚重点，全局谋划促共赢

新校区建设过程中，有限的投资应当结合项目实际情况有侧重地投放，对于标志性建筑的建设和支撑优势学科发展的实验室等基础设施精装等应提前谋划，倾斜性支持；对于其余常规性项目要秉持过好紧日子的要求，造型以简洁实用为主，不必刻意追求与众不同从而增加不必要的造价，坚持"轻重"并举推动校区建设协调有序推进。

四方共建　一流标准
高质量完成广州国际校区建设

华南理工大学

一、基本情况

华南理工大学广州国际校区（以下简称国际校区或校区）由教育部、广东省、广州市和华南理工大学四方共建，是华南理工大学继五山校区和大学城校区之后建设的第三个校区。国际校区位于广州市番禺区广州国际创新城，占地面积约1700亩，建筑面积约109万平方米（含地下建筑面积16.9万平方米），分两期建设，由广州市政府采用"交钥匙工程"完成基础建设及配套并分期交付学校使用。

二、工作举措

1. 加强组织领导，推动项目快速落地

华南理工大学与广州市政府及相关部门保持密切沟通，推动成立由市长任组长的"广州市推进华南理工大学广州国际校区建设工作领导小组"，切实加强对国际校区建设工作的组织领导，在较短时间内就明确了国际校区投资建设运营管理方案。学校成立由校党委书记、校长任组长的国际校区项目建设领导小组，全面负责校区项目建设的工作，统筹解决并科学决策项目推进过程中出现的问题；组建现场工作组，长期驻扎在工地现场，与代建单位、监理单位保持紧密联系，及时反馈巡场发现的问题，有力保障施工进度及工程质量。

2. 广泛深入调研，确保建设需求明确

学校领导带队，先后赴国内外高校、科研院所、企业以及教育行政部门等数十家单位深入调研，学习借鉴有益经验，为国际校区整体建设发展规划汲取经验；学校组织数百场需求对接会议，认真收集及整理各项目组团使用需求，用户单位和设计单位密切对接建筑设计方案及使用功能，确保最终交付建筑最大程度满足用户单位需求，尽可能减少工程交付使用后的二次装修改造。

3. 因时因地制宜，科学合理规划设计

国际校区建设用地中部原有多处池塘，与珠江水道联系密切；同时也面临整体容积率高达 1.25 以及高密度、大体量的建筑与紧张的用地、分期建设之间的矛盾。规划设计单位充分考虑国际校区用户需求、学校历史传承、建设用地条件、地域气候等因素，提出"合璧"的设计理念，打造独具特色的校园空间。在绿色节能方面，精准契合岭南地区地域性气候特征，通过南北向梳式布局形成冷巷式通风体系，以组织更有效的自然通风；在调蓄水源方面，通过带状水系与其向南北延伸的雨洪海绵走廊汇集各类地表径流并导向城市管道，通过路面高于草地的设计调节丰水期和枯水期波峰波谷的状态，在自然的平衡中达到海绵校园的要求。

4. 模式技术双新，高速推进校区建设

国际校区一期工程由广州市重点公共建设项目管理中心负责建设管理，由华南理工大学建筑设计研究院有限公司、中国建筑第四工程局有限公司、广州建筑股份有限公司组成工程总承包（EPC）联合体承建；二期工程由广州越秀城开房地产开发有限公司进行建设管理，由华南理工大学建筑设计研究院有限公司、中国建筑第五工程局有限公司组成 EPC 联合体承建。在建设过程中采用正向 BIM 设计与应用、装配式建筑设计、

基于信息化技术的现代化校园智能管理技术等多种创新技术，大大提高了建设效率。

三、突出成效

1. 建设速度快

国际校区一期工程建筑面积为 50 万平方米，自 2018 年 8 月 16 日开工建设至 2019 年 8 月 20 日移交学校，仅用时 369 天，被誉为新时代的"广州速度"。自 2019 年 9 月正式启用以来，以"中西合璧、博雅合璧、传统与现代合璧、科学与人文合璧"为设计理念的国际校区获得各方好评。

2. 建设效果好

国际校区建设采用 EPC 工程总承包建设模式，特别是在一期工程建设时，充分发挥设计引领作用，采取限额设计、全过程造价管控、主动设计优化、设计与施工融合协作等措施，使项目投资、质量、进度、完成度等得到有效控制，实现了良好的建设效果。国际校区建设运用的设计、施工、运维全过程 BIM 技术，在大大提高设计施工效率的同时，也便于校区建成后学校的日常运行管理。

3. 项目获奖多

国际校区建设在设计施工方面获得了多个奖项，包括第二十届第二批中国土木工程詹天佑奖，中国勘察设计行业协会设计奖一等奖 1 项、二等奖 3 项，广东省工程勘察设计行业协会一等奖 2 项、二等奖 1 项，广东省工程勘察设计行业协会 BIM 专项一等奖 5 项、二等奖 2 项，国家优质工程奖 1 项、广东省优质工程奖 1 项，第十二届广东省土木工程詹天佑故乡杯、广东省土木建筑领域科学技术奖一等奖等。

此外，参建单位还以国际校区实验楼为案例，参与了"十三五"国家重点研发计划"地域气候适应型绿色公共建筑设计新方法与示范"项目，开展适应夏热冬暖气候的绿色公共建筑设计模式与示范研究，并通过了课题示范工程验收。

四、经验启示

1. 新校区建设应充分考虑学校文脉传承

五山校区素来以东、西湖带状水体景观轴和南北向校园核心建筑轴"十"字交叉的布局模式为人们所津津乐道,国际校区规划设计充分提取和延续五山校区的环境基因,对原有水体加以因势利导,在校园的腹地再现了五山校区自西向东蜿蜒而行的带状水系,同时在南北中轴上依次布置礼仪广场、图书馆、滨水景观、双创中心等,与五山校区的场所基因产生空间上的传承和关联。此外,国际校区楼宇也延续了五山校区红墙碧瓦的建筑特色。

2. 高度重视工程建设前期筹备工作

在国际校区建设过程中,学校联合设计单位,组成专项工作组,在工程招标前,完成设计任务书、楼宇交付标准、主要材料品牌表、项目投资估算等的拟定,有效保证了楼宇交付时的装修、机电设备技术参数标准,为校区高标准高质量建设奠定了坚实基础。

3. 敢于探索实施新的工程建设模式

国际校区一期工程采用以设计牵头的 EPC 工程总承包建设模式,成为广州市首个设计牵头的 EPC 项目。这种建设模式可以简化业主招标管理流程,实现设计单位与施工单位的强强联合,在建设过程中设计与施工单位高度融合和有效协作,极大地提高管理效率,减少项目管理成本;设计阶段与施工阶段有序合理搭接,大大缩短建设周期。此外,由于实行总价包干,可以做到项目投资可控。

4. 为校区未来发展预留空间

国际校区采用街区式布局,打造高密度且可生长的校园规划。校区在东西向沿用地边界以 150～180 米的尺度将校园划分为城市尺度下的适宜街区,同时吸取了中国古代书院并置布局的形制,将教学与生活功能沿南北线性排布,南北向则由道路、广场、绿化、河道等切分形成相对自由的用地。设计预留小型发展用地和大型预留用地，为校园发展提供了弹性空间，这种渐进式的建设方式有利于分期建设，也保证了同一期工程的完整性。未来，校区三期还可建设总建筑面积30万平方米。

主动服务国家重大战略和区域发展
做好直属高校科研楼宇项目储备和前期设计

复旦大学

高校科研楼宇作为科学研究的物质空间，为高校科研高质量发展提供了坚实的基础保障。从服务支撑国家战略、主动对接区域发展角度出发，做好学校科研楼宇项目储备和前期设计，一直是复旦大学基建工作关注的重点方向。

一、建设背景

上海是推进长三角区域一体化发展、长江经济带发展两大国家重大战略的前沿主阵地。复旦大学将建设"第一个复旦"与主动服务国家战略、勇担区域经济社会发展使命深度融合，努力构建新发展格局，谋划高质量发展。

二、基本情况

1. 学校科研楼宇项目储备概况

2020年，学校在教育部的指导下完成了《复旦大学"十四五"基本建设规划》。规划结合学校事业发展的学科规划和控制性详细规划的要求，论证完善校园功能布局，进一步拓展科研空间。

2023年是实施"十四五"规划承前启后的关键，学校在开展"十四五"基建规划实施中期自评工作的基础上，起草了《复旦大学校园基本建设规划2030》，提前筹备"十五五"基建规划。

未来一段时间学校规划科研储备项目共11个，如邯郸校区综合图书馆、江湾校区C1-03地块地下设备平台及车库、数学科学楼、物理学二楼等项目，科研储备建筑面积共计约30余万平方米。

2. 学校科研楼宇项目前期设计概况

近年来，在符合安全、适用、经济、绿色及科研工艺等要求的基础上，交叉融合、资源共享的学科发展理念促使高校科研楼宇设计进一步向共享、集聚方向发展，建设符合未来学科发展、灵活适变的高品质科研实验空间，成为高校科研楼宇设计的重要发展趋势。

三、工作举措

1. 规划储备阶段：提前研判论证，实现前瞻布局

科研楼宇项目储备要做到为持续更新的科学研究打好"配合战"，为学科的动态调整和交叉融合提供科研空间，这就需要我们在充分理解校区功能定位的同时，主动领悟国家战略和区域发展、学校的学科和人才战略，对科研资源配置与拓展做出科学研判。

在学校江湾校区科研储备项目中，既有面向多学科交叉融合创新的综合型科研平台，也有满足院系发展需求的科研楼宇单体，通过前瞻性布局、全方位搭建，为学校科研战略布局和高质量发展打下了坚实基础。

2. 前期设计阶段：立足基本需求，实现持续发展

在科技高速发展、土地资源紧张、学科交叉融合等因素的影响下，高校科研楼宇建设正进一步向功能多元复合、资源集约利用等方向发展。在前期设计阶段，强调科研

楼宇基本建设的基础性、通用性和适变性设计，平面布局应考虑灵活性和实用性相统一，如通过设置大尺度实验空间，满足多样化科研功能需求。

在土地资源持续紧张和学生规模逐年增长的背景下，地下空间作为合理适用的科研实验空间应予以重点关注，例如将对振动、荷载等有特殊需求的理工类学科实验室设置于地下，既符合实验功能需求，又提高了校园土地利用率。

理工类学科科研楼宇应注重各类核心设备机房和主要管线通路设计，在基建阶段适当弱化末端机电安装和室内装修的个性化需求。高层科研楼宇应充分预留竖向管井、楼层设备阳台等，便于后期灵活增设或调整设备空间，为学科可持续发展留有余量。

为确保科研实验空间使用安全，屋面排水宜采用结构找坡，雨水管避免穿越地上、地下实验室空间。建议科研楼宇屋面设置结构短柱，在方便布置室外设备机组的同时，利于屋面排水顺畅和检修维护。

四、突出成效

1. 建设高水平科研载体，助力科技创新高地建设

复旦大学各校区科研楼宇项目建设与发展科技第一生产力、培养人才第一资源、增强创新第一动力紧密结合。2018年以来，张江校区逐步转型为张江复旦国际创新中心，园区规划总建筑面积约65万平方米，计划分两期建设，一期工程中三栋科研楼建筑面积合计约20万平方米。目前项目建设进展顺利，未来结合学校事业发展规划适时启动二期工程，持续助力上海建设具有全球影响力的科技创新中心。

2. 突出学科交叉研究优势，建设融合创新科研平台

学校科研建设以优势学科为支撑，以交叉融合为引领，通过在各校区规划布局融合创新科研平台，促进学校多种学科交叉融合，提高多学科交叉的研究深度和应用广度，加速创设国家科研创新体系。

五、经验启示

学校基建规划应与学校事业发展规划有机衔接、协调统一。同时,学校事业发展规划作为引领各项学校事业高质量发展的纲领,应主动对接国家战略、积极服务区域发展。因此,学校基建规划也应充分考虑国家创新之策,区域发展之需。

在后续的科研楼宇项目储备和前期设计工作中,我们既要"埋头干活",又要"抬头看路"。项目储备阶段主动谋划、提前布局,在国家和区域发展战略的指引下,积极应对学校对科研空间高速增长的需求,科学规划科研项目储备;前期设计阶段立足基本需求,落实科研楼宇设计的关键要素,实现可持续发展。我们要以高质量基建保障高质量学科发展,肩负打头阵、当尖兵的重大使命,助力学校进一步主动对接国家重大战略,服务区域经济社会发展。

中国大学校园土地集约化利用探索
——华中师范大学拆旧建新的途径

华中师范大学

华中师范大学位于湖北省武汉市，20世纪50年代初搬迁到现址办学，目前学校占地仅1787.29亩，其中有近300亩是起伏较大不适于建设的山地，教职工宿舍占地也有240多亩，在校生32000多人，办学空间严重不足。同时，由于学校地处武汉市繁华的武昌商圈，校园没有向外扩展的余地，校内基础设施建设已经饱和，限制了学校的发展空间。在获得新的土地之前，尽量提高现有校园土地集约化利用，新建建筑尽量向空中和地下发展，拆旧建新是目前学校拓展办学空间的唯一可行途径。

一、拆旧建新案例

1. 老旧住宅的回购与置换——文科科研楼

2018年获教育部批复立项的文科科研楼，建筑面积45573平方米。项目用地范围有4栋3层教工住宅（宿舍）共93套房屋需要进行拆迁安置工作，这些老旧住宅是20世纪70年代修建的建筑，面积不到8000平方米。其中进行货币化补偿回购房屋5套，分类置换安置27套，其余按周转房政策进行了清退。拆迁安置工作进行了近一年时间，由于项目早已经规划，规划红线建设范围内原则上不能出售，但房改时还是有部分房屋因各种因素进行了出售，拆迁中出现了矛盾，但基本没影响项目开工建设。现该项目建设基本上已完工，接下来可进行验收并投入使用。

2. 公共用房的拆除重建——桂子山学生食堂

2018年获教育部批复立项的桂子山学生食堂，建筑面积为9371平方米，项目用地范围是原教工食堂，面积只有1000多平方米，新建后扩大面积近6倍，可以满足更多师生就餐需求。项目本身是公共用房，拆除矛盾相对较小，只是有部分附着物出现少许矛盾，后协商解决。该项目目前已完成验收并已投入使用。

3. 易地搬迁式重建——东南区三旧改造

2023年教育部对学校东南区"三旧"小区改造进行了备案立项，项目总建筑面积7.8万平方米，计划建设480套房，总投资39000万元，预计2025年正式启动。项目用地范围有5栋教工住宅楼，原有200多套房屋，建筑面积2万多平方米，现在正在进行地方规划手续的办理和拆迁安置方案、资金筹措方案、建设方案的准备工作。该项目实施后，还计划将原有校内教工住宅腾出200多套房屋（有2万多平方米）用于学生住宿，以缓解和改善学生住宿情况。

二、中国大学校园土地集约化利用的必然性

1. 大学扩招后校园土地普遍面积不足

1998年后中国高校普遍进行了扩招，华中师范大学由20世纪90年代初每年招生不超过2000余人（含研究生），到2022年每年招生近万人；在校生由不到8000人，到如今已超过32000人，增长超过4倍，校园面积却并没有相应增加。虽然有部分高校进行了新校区的建设，但由于招生数量的快速增长，也很快面临办学校园面积不足的问题。

2. 房屋及基础设施陈旧老化需要改造

华中师范大学于 1953 年搬到现址办学，已超过 70 年，许多房屋（包括教学楼、办公楼、学生宿舍、运动场馆、家属楼等）的结构、面积、配套及基础设施等都不能满足现实需要，维修改造不仅费用高，也新增不了面积，所以拆旧建新成为一种必然。

三、拆旧建新带来的新变化

1. 办学条件和居住环境的改善

文科科研楼的建设不仅满足了学校 6 个教学科研单位的需求，更为学校两个"双一流"学科提供了科研平台和良好的环境，同时配套建设了 240 余个地下车位，满足了师生出行需求。同时对周边道路、绿化进行了改造，一改以前老旧住宅小区的脏、乱、差的形象，美化了环境、美化了校园。

桂子山学生食堂由于面积的大幅增加，现有超市、大众伙食、风味小炒、特色餐饮等入驻，可以满足更多师生、更多方面需求。

按照规划，学校东南区"三旧"小区的改造，不仅能改善教职工的居住条件和居住环境，同时可利用多出来的面积置换校内其他区域老旧住宅，腾出土地进行教学科研平台建设，将极大改善学校办学空间。

2. 校园建筑面积的增加，土地利用率的提高

近几年来，学校陆续完工了近 30 万平方米建设，目前在建的有近 10 万平方米，正在进行前期准备工作的项目也有近 10 万平方米，大多是拆旧建新。这些项目建成后，基本能满足学校教学、科研需求，能满足学校一定时期建设发展需要。目前学校建筑容积率达到了 1.0，校园绿地率却能达到 49%，大大扩展了师生的活动空间，提高了土地利用效率。

设 计 管 理

精心规划设计、统筹谋划实施综合极端条件实验装置项目

吉林大学

一、基本情况

吉林大学综合极端条件实验装置国家重大科技基础设施项目是国家"十二五"期间的重点建设项目之一"综合极端条件实验装置"的子项目,内设我国自主研制的高温高压大体积材料研究系统的实验用房及其配套用房。该项目设有固体环境高温高压、液体环境高温高压、非平衡高温高压、高压用户辅助实验室四大子系统,与设置在北京建设的多物理量协同测量子系统组成一个统一系统。项目建成后将成为国际先进的大体积高温高压研究中心,促进物理、材料、化学、地球科学、生命科学等学科的发展、交叉与融通,促进高水平科技人才培养,进一步提高我国原始创新能力。2017年国家发展改革委对该项目概算正式批复,建筑面积6000平方米,总投资19252万元。

二、工作举措

项目依托学校超硬材料国家重点实验室,内含自主研制的多种重型(单套设备1000吨以上)高压产生设备。重型高压产生设备对建筑工艺条件要求极为苛刻,例如

大跨度（22 米）、净空高 21 米的实验大厅空间、承重千吨以上基坑的平整度要求（地坪高度差不超过 1 毫米）等，在现有国内房舍建设方面尚无经验借鉴，对项目基础设施建设也提出了极高的设计和建设要求。面对项目建设中高支模、深基坑、大体积混凝土浇筑等主要工艺难题，项目建设管理单位与科研人员反复推敲设计方案，不断优化后的设计较好地满足了实验设备的用房需求。

1. 提高设计定位，满足差异化需求

综合极端条件实验装置国家重大科技基础设施项目建设的目的是建设满足用户需求的世界一流水平的综合极端条件实验装置，为我国物质科学基础研究和应用研究提供最先进的科技基础条件。学校以提升设计定位、兼顾各方需求、追求综合效益最大化为设计宗旨，按照开放共享、资源共享的设计原则，从实验室的日常使用要求与科研目标出发，设计构建科学有效的空间体系，为科研人员提供良好的实验环境和安全保障，满足各实验装置的差异化需求，实现开展科学研究和国内外交流的建设目标。

2. 加强沟通协调，重视使用功能

本项目中最重要的设备为我国独立自主研发的 300GPa 六面顶大体积材料高压压机。根据实验装置使用单位的需求，科研人员与设备制造厂家反复沟通、不断调整，确定设备的参数，并与项目设计人员多次讨论，将设备基础设计成筏板基础，混凝土厚度为 2 米，按使用荷载及安全储备进行钢筋计算。由于其他吨位相对较小的压机也与常规的实验设备不同，在设计中，对压机基础都做了特殊处理。实验大厅部分设计成大空间的厂房布局，区域面积大且可灵活调整实验装置，符合可持续发展的战略。对航吊吨位和轨道的设置反复推敲，进行动态调整和优化设计，以满足实验装置的工艺需求。

3. 发挥各参与方作用，优化设计方案

在项目设计过程中，为有效推进设计进度，采取相关专业科研人员全过程协同参与设计模式，以保证项目充分满足科研的实际需求，力求项目适用、安全、美观、环保。在设计之初，组织实验装置的科研人员和项目设计人员交流研讨，让项目设计人员熟悉

科研人员提供的相关设备资料，充分了解实验装置的设置意图和工艺流程。同时，制订设计进度计划，对各阶段设计节点和工作内容进行细化，保证设计工作的顺利进行。由于项目工艺要求的复杂性，除常规的设计外，还需进行其他专项深化设计，例如净化、通风、动力气体、液体动力、废气处理、真空吸尘、防震动等。根据实验环境参数要求，进一步优化设计方案，对设计难点和风险要素进行动态调控，避免设计变更带来的投资增加。

三、突出成效

该项目是国家"十二五"重点建设项目"综合极端条件实验装置"的子项目，2018年6月开工主体建设，2019年土建部分竣工，是本批次国家重大科技基础设施项目中最先完成建筑建设的。实验设备已陆续安装，在全部完成项目验收后，整套实验装置必将发挥其在科学研究方面的重大作用。

四、经验启示

重大科技基础设施是国家新质生产力的科研基地。项目内很多实验设备都是科研人员依据科学探索需求创新出的新产品，与普通的高校实验室有很大不同，没有现成的设计经验可循。统筹谋划组织项目，多专业协同规划设计，是保证项目顺利实施的前提。

此项目具有设计难度大、工艺要求高的特殊性，为项目设计工作带来了很大的挑战。学校精心组织设计人员与实验装置科研人员共同细化工艺布局和工艺流程，做到设计精准、满足特殊设备的承载环境要求，体现了国家重大科技基础设施的建设初衷。该项目建设受到中国科学院和国家发展改革委有关部门的一致好评。通过此次设计实践，学校充分认识到，在高校实验室项目建筑设计规范要求基础上，设计先期需要掌握大量设备数据，并进行充分调研沟通，采用全过程多专业协同设计模式，努力提升设计定位，提高设计精准性，从而保证项目顺利实施，减少设计变更，提升项目使用效益和经济效益。

提升项目设计质量
助力校园建设高质量发展

重庆大学

一、基建项目提升设计管控背景

随着重庆大学"双一流"建设工作的推进，基建任务日益繁重。基建队伍人员不足，专业人员知识结构不适应建设高质量发展需求，规划、设计、施工各阶段业务管控能力和质量有待提升等问题日趋显著，反映到项目实施中，集中体现为变更多、超合同金额、拖工期等显著影响建设质量与效率的问题。

为加快推进"双一流"建设，圆满完成"十四五"发展规划目标，提前谋划"十五五"发展布局，超前部署"百年新重大"新发展格局，支撑学校成为服务国家和成渝地区双城经济圈建设等国家重大战略需求的重要力量，学校近期开展了校园总体规划修编、校区功能调整及虎溪校区重大基础设施等系列重点项目建设。为实现高质量发展目标，学校提出以问题为导向，以提升设计质量为抓手，探索基建规范化管理新途径，研究制定设计质量提升策略。

二、基建项目设计质量提升策略

（一）发挥学科本底优势，建构过程规范化技术咨询模式

作为"建筑老八校"之一，重庆大学建筑学部办学历史悠久，学术底蕴深厚，专业实力雄厚。基建规划处充分发挥学校建筑类学科的深厚底蕴和人才优势，组建了具有全专业注册师资格的专家技术团队，负责项目从启动到建设完成的全过程专业技术咨询服务。

技术团队由基建规划处组织遴选、聘用，含规划、建筑、结构、给排水、电气、暖通、概算等专业专家，每个专业聘用一名专家，其中一名专家设置为技术团队牵头人，除承担本专业工作外，负责专家团队联络和项目会审等组织工作。

技术团队参与需求调研、设计任务书审查、设计专项工作会、专家评审会、各阶段的图纸审查等工作，并为工程实施中的专业技术难题提供解决方案。各阶段具体工作如下。

1. 项目需求调研及方案设计阶段

准确把握校园规划理念，充分了解使用单位的需求和学校对项目的要求，对项目进行概念策划、协助设计任务书编制、方案评审等。审查方案设计的合规性、总体布局的合理性、与校园整体风貌的一致性，并对经济技术指标、交通分析、建筑单体布局、建设内容的完整性等提出意见和建议。

2. 初步设计阶段

对初步设计的图纸与文本、概算进行审查，提出咨询意见和优化建议，审查使用的规范技术标准、建筑设计、结构方案、机电方案、管网走向、设计概算等，进一步论证提升各系统、各专业的规范性、合理性、经济性，实现限额设计的目标。

3. 施工图设计阶段

对施工图设计的图纸与文本进行专业审查，提出咨询意见，为预算编审提供技术

支持。除审查图纸是否符合规范外，还从保障项目顺利推进、保证项目实施效果、提高后期运维管理等角度，审查设计文件的设计深度、装饰效果、装修标准、使用需求匹配度、各专业图纸一致性等内容；参与设计阶段的总投资控制，力争避免设计反复和潜在设计变更因素。

（二）探索管理新路径，建立设计标准化管理机制

重庆大学各校区存在既有建筑风貌不统一，修缮项目维修改造标准不统一，外立面、内装等色彩混乱、材质不统一，"各建筑各设计各标准"的混乱状况，难以满足高质量的发展需求。为配合学校学科发展规划，实现校园总体规划愿景，规范校园既有建筑修缮的建设标准，编制了A区、B区、C区、虎溪校区校园既有建筑设计导则，为建立标准化改造管理机制提供系统性的理论与路径支持。

设计标准化管理机制围绕《重庆大学校园总体规划（2017—2029年）》《重庆大学校园总体规划修编（2020—2030年）》，制定各校区既有建筑改造的总体工作目标，确定整体改造思路，建立对既有"风貌""建筑""环境""智能化"的改造治理标准，分别对不同类型的建筑提出改造原则、图集、方式等指导性意见，提出适应的改造对策、实施策略和分项标准。

1. 全面研究

针对各校区内不同年代、不同功能、不同类型的建筑现状情况进行归纳总结，形成导则编制的基础资料，提出整体改造目标、工作框架等要求，并将建筑资料按照目标定位、重要程度、优先级别划分类别。

2. 风貌篇

以尊重历史为原则，深入调研各校区历史发展不同时期的时代性和多元拼贴特征，原真性保护和修缮历史建筑、整治历史建筑环境，根据《重庆大学校园总体规划（2017—2029年）》，从建筑风格、类型、印记元素、功能布局等将建筑进行风貌、形态分区，以构建百年历史、人文深厚的校园建筑风貌。

3. 建筑篇

依据现状调查、发展需要、建设迫切度等情况，建立各校区既有建筑改造实施项目库，侧重对结构性、关键性要素的规范指导，兼顾对重要设计细节的设计示范，针对既有建筑范围广、类型多、情况复杂的特点，分类型如教学楼、实验室、宿舍、办公楼等从外观风貌到内装风格建立不同的改造标准和具有现实操作性的策略与措施，以便于指导建筑改造施工。

4. 环境篇

对标校园总体规划，挖掘校园环境的人文特色，依据建筑改造项目库，建立改造建筑周边环境的硬质软质铺装、人行、车行、植物种植效果、苗木规格等控制标准和设计要求，突出植物造景的景观特色，通过改造建筑周边景观要素的搭配与组合，彰显学校历史底蕴，形成极近自然的山地校园景观。

5. 智能化篇

建立不同类型改造建筑的电话电视系统、物联网系统、无线网络系统、视频安防监控、信息发布系统、智能照明系统、门禁系统、会议系统、智能水电等标准化策略与图集。

三、基建管理设计质量提升的初步成效

在抢抓成渝地区双城经济圈建设重大国家战略机遇，深度融入西部科学城发展新格局，服务国家重大战略需求的新形势下，重庆大学基建管理围绕建设中国特色、世界一流大学总目标，持续深化基建管理模式改革，不断探索基建管理新途径，提出"全过程技术咨询"和"设计标准化"的项目管理新理念，并在实际项目中予以推广运用。例如在建设西部（重庆）科学城重大科学基础设施虎溪建设项目科学中心实验大楼和工科实验大楼的过程中，高质量地管控了设计，合理地把控了投资；C区第三、四教学楼修缮项目，在极为严苛的工期下，施工图及施工建设过程中未出现较大的设计变更及清单

错项、漏项等情况。

目前，通过实施设计质量提升策略，初步实现了从建设方角度把控设计质量，优化设计方案，提升设计深度，控制项目概算，解决项目实施过程中各类专业技术问题，为着力建设高品质校园育人环境，助力推动"百年新重大"的内涵发展、特色发展、高质量发展奠定了坚实基础。

实施方案优选机制 打造校园重点特色项目

四川大学

四川大学十分重视建筑项目外观功能设计,在项目建设中按照"以设计为龙头"的工作思路,制定了建筑项目方案优选机制。现结合学校先进材料科研大楼项目和多学科交叉融合平台及艺术教育中心项目的优选做法,介绍学校在打造校园重点特色建筑上的经验方式。

四川大学先进材料科研大楼

一、项目概况

1. 先进材料科研大楼简介

先进材料科研大楼项目主要为生物材料、高分子、材料科学与工程以及制造科学与工程等相关专业提供科研实验用房。项目建成后，将为学校筹建世界高分子中心、先进高分子材料国家重大创新基地和生物医学工程学科发展提供坚实的硬件设施平台和创新平台。该项目计划总投资约 7.4 亿元，总建筑面积 11.6 万平方米。

2. 多学科交叉融合平台及艺术教育中心简介

多学科交叉融合平台及艺术教育中心是集多功能音乐厅、多功能会议厅、艺术与科技展厅、学生活动和创新平台等于一体的创新艺术与科技大楼。项目建成后将成为校园不同学科之间、师生之间互动学习、交流的艺术与科技的平台。为学科之间的跨界合

四川大学多学科交叉融合平台及艺术教育中心

作，不同学科之间的碰撞融合，创新思维的孕育提供良好的物质平台。该项目位于四川大学江安校区东门，计划总投资约 2.5 亿元，建筑面积约 3.2 万平方米。

二、工作举措及成效

建筑在满足人类的物质生活需求外，还表达了人类精神追求，它以有形的建筑形体承载着人类的精神文化。校园建筑，尤其是校园公共建筑不仅承载着使用功能，更承载着校园的历史底蕴与文化特色，也是学校事业发展及文化水平的象征。四川大学作为百年名校，校园内有许多历史沉淀的标志性建筑。近些年，学校也一直坚持方案优选机制，努力打造校园重点特色项目。

1. "比选增效"选设计，择优确定设计方案

建设项目设计方案优选，既是对前期决策阶段主要工作成果的集中体现，又是建设项目后续工作的基础。方案的优选是实现建设资源优化配置，寻求建设项目合理的经济和技术方案的基本途径。

在先进材料科研大楼和多学科交叉融合平台及艺术教育中心项目的建设中，学校都进行了设计方案比选。在项目立项前，邀请国外知名建筑大师及国内具有高校建筑设计经验的大型设计单位等五家进行方案设计。由校内领导、基建处、资产处等多部门职能人员以及校外属地政府规划部门专业人员组成评标专家组，评标时结合学校实际，重点对方案设计的建筑风貌、功能布局、新材料运用等方面进行评价。经过多轮筛选，最终选定了先进材料科研大楼以"打造一个智慧型科学研究中心的同时融入校园环境"为主理念的设计方案，多学科交叉融合平台及艺术教育中心主要以"交叉与融合"为切入点，"实现人才、思想汇聚等七大功能、构建艺术与文化创新等六大平台"为理念的方案。同时，为鼓励优秀建筑师、设计单位或团队参与，在招标结束后按照招标文件中明确给予一部分落标补偿费用的规定，对参选未中标的单位均给予了经济补偿。通过这种方式，实现了两个项目的方案优选，在项目建设之初确定了项目建设理念的最优解。

2."设计方案显特色",兼具使用和观感效果

在选出设计单位后,结合学校特色以及项目单体特征,在进一步统筹成本与产出的基础上,对设计方案再进行细化,充分确定功能需要和结构布局,以从源头确保设计需求到位。

先进材料科研大楼设计立足满足建筑功能和与校园环境相融合两个基本问题,秉承传承文脉、融入环境的设计理念,从概念、空间、技术角度共同打造了一个智慧型的科研楼。在建筑形体上,西高东低。西侧高,面向城市主干道科华北路形成具有标志性的建筑形象;东侧低,对校园建筑形成最小的压抑和影响。南低北高的建筑形体面向中心花园,使得建筑能够更好地融入校园环境,节省了最宝贵的校园用地,为南侧未来校园建设创造最有利的基础。在建筑颜色上,选用了川大灰色和红色相组合的传统校园颜色,与校园的历史建筑遥相呼应,预示未来科技与传统校园文化之间的一脉相承。在楼内空间布局上,有机整合三个学院空间,形成了以三个实验区围合中心共享区的空间布局模式,既保持了各个试验区的独立,又促进了不同学科之间的交流,为交叉型学科的发展建立空间基础。三个试验区充分考虑各自学科的特点和未来的灵活发展需求。中心共享区采用立体化的空间方式,在水平和垂直空间上设计丰富的研讨讨论区,为创造积极、共享、开放的科研交流环境创造条件。

多学科交叉融合平台及艺术教育中心项目体现了四川大学"海纳百川,有容乃大"的校园精神,探索体验式、交互式、社群化、包容化的教育建筑新范式,提供了鼓励合作、驱动创造并链接社会的跨学科共研共育型创新孵化平台。项目地处四川大学江安校区东门入口前区的标志性节点,建筑被打造为容纳复合功能及多元关系的艺术"雕塑",贯通的中庭、错动的体量与自然的肌理赋予建筑轻盈而不失持重的质感。贯通南北的空中庭院塑造了建筑面向交流与活力的精神内核,将科学与艺术展厅、多功能厅、咖啡厅等功能要素及多样的学习、共创活动整合在一个景观式的共享系统之中,建立知识与思想多向度的融合。建筑立面线条刚柔并济,将山川河流的自然元素外化,抽象回应和赓续"海纳百川"的名校人文底蕴。面向校园景观主轴方向通过大台阶将校园人流引向共享平台,强化建筑的开放性。同时,位于底部的 1000 座多功能音乐厅面向城市开放,

通过对公众文化艺术生活的引入，建立校园与社会广泛联系的锚点，探索校园建筑拓展可持续性社会价值的可能性。

3."特色项目全负责"，鼓励主创建筑师负责制

先进材料科研大楼是学校体量最大的单体建筑，并将力求实现材料专业的最大化整合，多学科交叉融合平台及艺术教育中心项目则是力求打造科学与艺术的交互式教育建筑新范式。为此，在两个项目的方案设计过程中，学校第一次要求中标优胜方案主创建筑师全过程主导和统筹相关设计工作，提供持续性服务，有效保障中标方案落地落实。两家中标设计单位也均按照合同要求，由主创建筑设计师带队，全程参与项目建设，贯穿规划、设计、建设全过程，形成了"业主＋设计＋建设"三方的有效沟通机制，并为学校后续的项目建设提供了借鉴。

三、经验启示及展望

先进材料科研大楼和多学科交叉融合平台及艺术教育中心项目采取方案优选机制，有效保障了项目建设设计质量并提升了项目观感效果，满足了学校对美观、功能及使用方面的需求。这两个项目的建设对高校建筑设计优选机制具有一定的借鉴意义，能较好地发挥先进示范引领作用。

实施方案优选机制，可以保证校园建筑项目的规划、设计和建设质量，也对学生的成长和学习起到积极的促进作用；优秀建筑也能凸显出学校的文化特色与发展定位，彰显学校人文精神内核和历史底蕴，对于学校的可持续发展和高质量发展具有重要意义。

基于多学科交叉融合研究背景下的高校新型科研建筑设计与实施

西北农林科技大学

西北农林科技大学以筹建未来农业研究院为依托，积极推进未来农业科研实验模式创新，科研建筑设计在突出使用需求导向、建立专业协同机制、强化功能使用论证、前置维护管理方案等方面深入开展探索，为多学科交叉融合研究背景下的高校新型综合建筑设计与实施提供"西农方案"和实践路径。

一、基本情况

"十四五"时期是我国实现第一个百年奋斗目标之后，向第二个百年奋斗目标进军的历史交汇期，也是西北农林科技大学扎实推进"双一流"建设、加快创建中国特色世界一流农业大学的战略关键期。

世界面临百年未有之大变局，高等教育发展的内外部环境正发生深刻复杂变化。当前，前瞻性基础研究和引领性原始创新突飞猛进，新一轮农业科技革命快速酝酿，基于创新驱动的产业经济变革加剧，未来农业新形态、新业态、新模式加快孕育，多学科交叉融合已经成为科研新常态。

设 计 管 理

西北农林科技大学生物育种大楼效果图

西北农林科技大学化学与合成生物学大楼效果图

西北农林科技大学着眼未来科研新模式，顶层筹划设计了未来农业研究院，先期规划建设了生物育种大楼、化学与合成生物学大楼两栋高校新型科研建筑，项目启动得到了教育部、陕西省委省政府的大力支持，并纳入2023年陕西省重点建设项目。

两栋大楼位于陕西省杨凌示范区西北农林科技大学未来农业研究院先期启动区内。生物育种大楼，总投资约4.7亿元，总建筑面积约5.6万平方米；化学与合成生物学大楼总投资约4.4亿元，总建筑面积约5.4万平方米。在两栋建筑设计与实施过程中，设计需求交叉、设计工艺复杂、设计周期较短，对工程设计与实施提出了严峻考验。学校紧紧围绕以有组织科研推进高质量发展的目标要求，紧密结合满足多学科交叉融合开展科研实验的实际需要，认真研究项目建设环境、建设要求、功能布局等方面的特殊要求，及时更新设计理念、优化设计方案、加强设计实施，取得了较好效果。

二、工作举措

西北农林科技大学启动项目设计以来，加强前期调研、密切专业协同、坚持工艺先行、立足长效发挥，实现了多学科交叉融合研究背景下的高校科研建筑新形态的探索与实践，较好地推进了综合实验室创新，解决了学校实验资源分布还不够均衡等问题，为高校科研建筑设计提供了案例参考。

1. 加强前期调研，突出使用需求导向

紧紧围绕住房和城乡建设部《"十四五"建筑业发展规划》《"十四五"建筑节能与绿色建筑发展规划》，教育部《教育信息化中长期发展规划（2021—2035年）》等，采取实地调研、座谈调研和问卷调查等方式，前往设计院、深圳光明科学城、清华大学化学工程系、中国科学院上海有机化学研究所等地开展案例调研，实时、事事与使用单位、科研团队充分沟通，切实了解掌握建设项目的使用需求，找准设计方向。

2. 密切专业协同，建立多线同步机制

在项目整体设计过程中，全过程实施多专业的协同设计模式，建立了多线同步机制。

从方案设计阶段开始，建筑设计方与科研团队、学校师生、实验室工艺设计方、智能化专业设计方等多方面保持实时沟通和对接，制定了各专业进度表，明确各阶段设计节点和工作内容，在更好控制项目质量的同时，促进各专业在调研、方案、提资、成图、校审等各环节无缝衔接，实现了对设计难点及风险要素的动态控制，大幅降低设计变更带来的资源和人力浪费。

3. 坚持工艺先行，强化功能适用论证

多学科交叉融合的新型建筑大多为实验建筑，而实验工艺设计是实验建筑设计的核心。工艺设计要求极高的专业性，必须由专业的工艺团队负责实施。在设计前期，基建部门就按照"功能适用论证、工艺设计先行、建筑设计托底"的原则，组织多学科科研团队与工艺设计团队保持密切联系，对项目的场地影响、环境影响、人物流影响、不同实验平台之间影响等方面进行科学研判和论证，有力保证了设计工艺符合多学科交叉融合开展科研实验的具体要求。

4. 立足长效发挥，前置维护管理方案

为了克服以往设计方案的建筑维护管理要求与实际脱节的现象，学校基建部门提前针对建筑的特殊使用要求，与实验室安全与条件保障处、设计单位和后勤管理部门积极对接沟通，设置了公共仪器大平台，实现中大型实验设备申请、使用、审核全程信息化。日常维护管理方面，在满足建筑设计要求的同时，结合学校和实验室管理实际，针对性提出并优化维护管理方案，能够显著延长建筑使用寿命和维护周期。

三、突出成效

通过召开方案讨论会、征求意见会，设计方案贴近科研实际、功能布局合理，体现了以人为本、绿色校园的设计理念，设计方案得到了专家教授、学生和行政管理人员的广泛认可。

1. 建筑功能布局更加科学合理

新型综合建筑以开展科研实验为主，兼顾部分办公和活动需求，大幅度增加共享实验室、交流研讨室等共享空间。对于长走廊采取分段式吊顶设计，在电梯、楼梯、安全通道、独立货梯、保安系统等设计方面，充分考虑人流量、物流量、交通流向等因素，达到了布局合理、功能多样、共享集约的设计目标。

2. 实验施工工艺更加贴近实际

综合建筑涵盖化学、生物学、植物学、农学等多个学科使用空间，通过对通风系统、空调与洁净系统、环保系统、供气系统、给水系统、供电系统等特殊需求的优化设计，能够满足不同学科实验室的特殊工艺要求。特别是在通风管道横竖向设计、井道、风机布置形式等方面，在模块化设计的基础上，紧密结合了学科融合的特点和难点，更加符合科研实际需要。

3. 实验环境设计更加以人为本

共享实验室设计方面，在满足科研需要的同时，充分考虑实验室在使用人数、使用频率和使用方式等各方面的因素，人性化设计多媒体展示屏、演示台，以及环形流线实验台、可变换家具布局等，以满足实验环境最大程度实现教学、交流、实验等不同课堂形式之间的转换。同时，充分利用实验边角空间，通过功能叠加的方式，提供公共服务、休闲交流的场所。

四、经验启示

1. 前期调研与科研介入

此类建筑承担着不同学科、团队的不同科研任务，因此在设计前期，必须要保证各专业科研团队的介入深度，确保早介入、早发声、早设计。同时要广泛开展调研工作，既要在学校师生、科研团队中调研掌握最为贴合实际的科研需求，又要整体统筹设计并提供开展多学科交叉融合研究实验的必要硬件条件，为项目的顺利实施打下坚实的基础。

2. 开放共享与协作互动

在空间利用、设备使用、设施配套等方面要更加突出共享性、协作性和互动性。部分科研团队虽然研究方向不同，但是对实验设备、材料的要求呈现高度重复的特点，可以采用共享使用的方法，提高设备利用率，减少设备投资，体现多学科交叉融合的优势。在公共空间设计上，要为多学科实验公共测试、成果转化、成果展示、研讨交流等提供必要的空间，充分发挥科研力量协作互动的作用。

3. 集约高效与模块布局

无论是未来用地紧张带来的客观需要，还是学科交叉互融活跃的实际需求，都对科研建筑的集约高效提出了新的要求。在方案设计中，要更好地整合空间及资源，从粗放式开发建设模式向精细、节约、高效利用模式转变，在空间设计上采取模块布局的方法，既有学科实验室，也有学科交集部分的共享实验室，实现资源整合、节约绿色的设计目的。

4. 合理规范与安全等级

无论是模块化的实验空间，还是开放、灵活的实验室布局，都证明了当代实验建筑高度的标准化与通用性。因此，在多学科交叉融合科研建筑的设计上，要从货运设计、存储设计、流线设计、生物安全、消防安全等诸多方面综合考虑。特别是在安全等级上，在满足建筑各方面安全要求的同时，要针对易燃易爆实验材料、有毒有害气体的存储、管理、洁净加强特殊设计，同时必须要将教育部最新印发的《高等学校实验室安全规范》有关条款纳入设计一并考虑，确保科研建筑的安全性。

建设项目设计导则在项目全过程管理中的应用

兰州大学

兰州大学基本建设处于 2021 年 11 月编制并印发了《兰州大学基本建设处建设项目设计导则》（以下称《设计导则》）。《设计导则》为各建设项目的工程设计单位提供了明确的设计深度要求、结合学校总体规划的设计需求、结合建筑定位的选材原则、结合地域特点的典型做法、结合工程实践经验的特殊工艺等内容，进一步规范了建设项目工程设计，从源头上对工程变更和投资进行了事先控制，也为基建项目全过程管理提供了具体的技术指导，极大地提高了项目管理水平和管理能效，取得了显著的综合效益。

一、基本情况

由于缺少前期对设计条件的约束，兰州大学在建设工程项目实施过程中发现了以下问题。第一，设计深度不够，设计内容存在遗漏，导致项目实施过程中工程变更频繁；第二，部分设计做法未结合建设项目本地地质条件或气候特征，材料、做法选用不尽合理；第三，部分设计做法未结合学校建设实际，设计标准较高，建设成本不符合当地市场情况；第四，上述问题导致投资控制难度加大，工程结算推进困难。鉴于以上原因，学校基本建设处组织编制了《设计导则》。

《设计导则》全文共 53 页 27000 余字，共分 9 章，分别为编制说明、编制依据、建设项目设计总体要求、建筑专业设计相关要求、结构设计相关要求、给水排水设计相关要求、采暖通风与空气调节设计相关要求、电气设计相关要求、智能化设计相关要求。《设计导则》对项目的设计深度、设计范围以及材料选用等设计条件进行了约束；按照工程项目的建设规模、使用功能等要素对全专业设计进行了详细描述；根据以往建设工程项目实施经验和部分教训，总结并列举了各部位本地区典型做法供设计参考选用。

二、工作举措

《设计导则》在建设工程项目管理全过程得到了充分应用。在设计阶段，设计单位按照《设计导则》对设计工作的总体要求，结合各专业列举的详细做法进行施工图设计；在图纸审查阶段，建设单位各专业工程师结合《设计导则》，对设计图纸提出修改意见，减少施工时设计变更的发生；实施阶段，及时发现部分不符合工程实际的设计做法，根据《设计导则》，提出变更建议。

三、应用成效

在印发并实施《设计导则》后，各项目施工图设计质量整体得到提高，建设项目工程变更数量明显减少，项目整体推进可控，控制投资效果显著。

（1）《设计导则》对设计图纸的设计深度提出了具体要求，各项目设计深度得到提高，施工过程中需深化设计的内容减少，保证了实施进度。同时，详细的设计文件也为编制招标清单提供了翔实、可靠的依据，避免了招标清单编制过程中出现大量的暂估价内容，使得招标清单完整度提高，能有效推进项目实施和竣工结算。

（2）设计做法更加符合地域条件，合理可靠，有效减少了后期变更。《设计导则》编制过程中，基本建设处组织专业技术人员吸取以往项目教训和经验，深度结合区域条件和学校现状，提供了符合区域特点的设计做法。初稿完成后，向知名设计、监理、施工企业的有关专家征求意见，综合考虑专家意见后，最终定稿。项目管理过程中，管理人员及时发现与《设计导则》不符且不易满足使用、管理需要的设计做法，保证了建设工程项目的施工质量。

（3）为更好地应用《设计导则》，对设计图纸质量进行把关，基建处对设计图纸进行全专业内部审查。各专业工程师结合《设计导则》内容，充分读图，提出设计图纸中与《设计导则》不一致、设计做法不符合地域特点、设计图纸缺漏、明显错误的设计内容，形成设计图纸修改意见，并与设计单位充分沟通。在此环节，解决了大部分图纸问题，有效减少了项目施工阶段的变更。近年来，各项目解决的问题统计情况详见下表。

建设单位图纸审查解决问题统计（单位：条）

项目	图纸审查时间	建筑	结构	暖通	给排水	电气	总计
人文社科组团Ⅰ项目	2020.08–11	95	26	31	57	46	255
工程科学组团Ⅰ项目	2020.12–2021.02	61	30	55	73	79	298
1–2号研究生公寓	2022.01–04	48	27	15	42	54	186
南区生活中心	2022.01–04	20	8	15	9	18	70
数理核学组团项目	2022.04–07	57	29	35	36	85	242

（4）在项目实施阶段，对部分设计不合理的区域，根据《设计导则》，提供变更做法，极大地缩短了变更确认决策时间，保证了项目工期。对于做法不明确或者需变更做法的地方，现场管理人员能第一时间参考《设计导则》给出建议做法，经设计单位确认后即可形成设计变更，大大缩短了联系设计单位提供变更做法的时间，保证了变更出具的时间，有效推进了工程进度。

（5）项目实施过程中变更减少，项目投资控制得到了极大改善，有力避免了超投资现象。经统计，近几年学校建设工程项目的变更情况如下表所示。

建设项目变更情况统计表（单位：条）

项目	开工时间	（计划）交付时间	设计变更	施工变更	总计
第二教学楼	2019.05	2020.10	47	82	129
第二实验楼	2019.05	2021.07	42	71	113
人文社科组团Ⅰ	2021.02	2023.07	55	31	86

续表

项目	开工时间	（计划）交付时间	设计变更	施工变更	总计
工程科学组团Ⅰ	2021.09	2023.07	35	9	44
1-2号研究生公寓	2022.08	2023.07	13	8	21
南区生活中心	2022.08	2023.08	13	0	13

上表中，第二教学楼、第二实验楼在《设计导则》编制前实施；人文社科组团Ⅰ项目设计阶段已启动编制《设计导则》，在过程中有一定应用；工程科学组团Ⅰ项目设计阶段，已基本完成《设计导则》初稿，比较完整地应用了《设计导则》；其他项目在《设计导则》印发后实施，充分应用了《设计导则》。通过上表，可以清楚地看到《设计导则》编制过程及印发前后，各项目的变更数量变化情况。印发使用后，变更大幅度减少，以《设计导则》印发前的第二教学楼、第二实验楼和印发后的1-2号研究生公寓、南区生活中心项目比较，变更减少幅度达86%。设计导则的应用，大大减少了工程变更，有效控制了项目投资。

四、经验启示

《设计导则》的应用是对基本建设全过程管理科学化、规范化、精细化要求的具体体现，也是建设单位在项目管理过程中发挥主观能动作用、采取预控措施的直接体现。

根据近年来的建设项目管理实践经验，在项目设计阶段对设计深度、设计内容、主要材料选取、主要做法确定等进行预先控制，能极大减少项目实施阶段过程变更，更有利于投资管理和成本控制，取得了显著的综合效益。

随着近年来高校事业发展，高校之间或同一高校内部建筑功能划分较为固定、建筑定位相差较小、建设需求逐渐趋同，《设计导则》的推广应用能很大程度减少不同项目因设计质量不同造成的项目管理、成本控制差异化。《设计导则》的具体内容在优化、细化、梳理之后，在设计阶段预期能以模块化、组合式的方式形成设计框架和细节，可降低设计成本、提高设计成果的通用性和可操作性，同时在项目实施过程中可降低管理成本、提升综合管理能效。

工程管理

以需求为基　建教育广厦
浅谈基建实践管理

北京师范大学

高校作为科技创新和人才培养的前沿阵地，为经济社会的高质量发展提供人才支撑。国家一直将教育置于优先发展的战略地位，不断加大对教育的投入以提升国民素质和推动社会经济发展。高校基建是学校高质量发展的重要保障，如何加强高校基建项目管理是高校关注的重点。

一个基建项目的完成，少则数月、多则数年，过程复杂、环节众多，面对工程前期调研、设计方案选择、资金调度、合同谈判、工期安排、质量与投资控制、防止腐败产生等诸多繁杂的工作，一招不慎，全盘皆输。对于高校而言，如何平衡学校和参建各合同方的利益以实现互赢，如何保证工期、质量、投资与安全等预定控制目标的实现，如何抓好基建工程准备、手续审批、合同谈判、招投标、施工管理等各项工作，都需要成功经验与完善规范的指导。建立科学有效的管理规范，是当前北京师范大学实施昌平校园F区建设项目的基本要求。

一、目标导向明确，纵向进一步压实项目甲方主体责任

与一个基建项目发生关系的各类主体大致分为三类：一是政府各主管部门；二是

基建项目实施涉及的"左邻右舍"（例如被征拆土地所有者、街坊路关联各地块所有权方等）；三是市场主体。第三类概括起来主要有甲方（学校授权项目实施的工程管理部门）、承包方（乙方）以及各类中介机构。这当中，甲方居于主动的、核心的位置，拥有选择与约束其他两方主体的职权。从甲方与其他主体的关系来看，一个普遍规律就是，建设项目的乙方以及各类中介机构可以是几个乃至几十个，而甲方通常只有一个；从基建工程的风险承担角度分析，基建工程出现的各类问题反映在投资、工期、质量、安全等诸多方面，其责任主体可以是甲方，也可以是乙方或各类中介机构。但不管出现何种形式的工程问题，甲方都必然是最终的、不可回避的风险承担者，不管工程问题的具体责任人是谁，最终都必然与甲方的管理失误有关。因此，力求使有限的资金产生最大的效益，确保工程建设的"高效、优质、优价"，防止腐败产生，应该是每一个甲方的初衷。在一个基建项目中，对于具有不同利益诉求的甲方、乙方与各类中介机构而言，甲方都是始终不变的最根本的管理者。要防止基建出现问题，甲方是关键，是矛盾的主要方面。

二、协同机制强化，横向进一步提高专业技术支撑保障力

近年来，很多高校或多或少地忽略了基建管理人员专业性。因业务与岗位不匹配、业务能力不足、外行领导内行等原因造成的巨大的决策失误和效率损失比比皆是。基建工程每个岗位所需的专业素质，不是仅仅通过日常工作学习就能够胜任的，还需要大量、长期的专业素养和实践经验积累。

选准配齐专业的团队是基建项目成功的关键。高校要建立一支专业的基建管理团队，包括项目经理、工程师、技术人员等。这些人员不仅需要具备相关的技术知识和经验，还需要具有良好的沟通能力和团队协作能力。同时，还需要为他们提供必要的培训和支持，给予同市场行情相当的福利待遇以及提供职称晋升的通道。在基建项目实施生命周期内按岗定制考核方案而不是随大流采用通用的考核标准，以提高他们的积极性、提升内驱力和管理效率。

三、安全常抓不懈，时刻绷紧施工管理中安全红线这根弦

安全重在落实，容不得半点轻忽，来不得一丝马虎。学校上至校领导下到安全管理部门、基建管理部门，对基建项目的施工安全，每个人都要锤炼较真的精神、秉持严谨的态度、养成务实的作风，认真深入查隐患防风险。安全贵在坚持，风险隐患是动态的、多变的，没有一成不变的作业现场，更没有一劳永逸的管理办法。每个人都要保持"清零"心态，坚持做到事事时时处处抓安全，全力将风险隐患消灭在萌芽状态。抓而不紧，等于不抓；抓而不实，等于白抓。根据海恩法则，每一起严重事故的背后，必然有29次轻微事故和300起未遂先兆以及1000个事故隐患。无论是先兆还是隐患，都有迹可循，而导致其酿成大祸的，往往源自责任担当的凌空蹈虚、思想意识的麻痹松懈、工作作风的粗枝大叶。要时刻保持清醒头脑，警钟长鸣、常抓不懈，时刻绷紧安全生产这根弦，采取坚决有力的措施，筑牢安全底板，严抓严管、严防严守，切实守牢安全生产底线红线。

四、技术苦练内功，专业细致敢于斗争紧盯施工质量通病

由于施工项目本身具有位置固定、审查流动，施工方法不一、结构类型不一、露天作业、受气候影响大，审查整体性强、建设周期长，涉及单位多、质量要求不一、协作难度大等的特点，施工项目的质量比一般工业产品的质量更难控制，主要表现在以下几方面：

一是影响质量的因素多。如施工工艺、材料质量、技术措施、设计质量等都会对施工项目的质量产生直接影响。

二是容易发生质量变异。项目施工不像工业产品有完善的检测技术和规范的生产工艺，在施工过程中质量影响因素的各种变化都会使质量产生波动甚至变异，因此必须在施工过程中进行严格的质量控制。

三是质量的不可逆转性。建筑产品的质量是由设计、施工以及建筑材料等的质量所组成的，建筑物一旦建成其质量不可改变。因此在施工之前，施工中要严把质量关。

工程项目建成后即使发现质量有问题也不可能像工业产品那样实行"保换"或"退款"。

四是质量的隐蔽性。在施工过程中一些施工工序的分项、分部工程将被其他工序施工所覆盖，无法拆卸或解体检查内在的质量。因此对隐蔽工程的质量控制必须在隐蔽之前进行。

五是质量要受投资、进度的制约。在项目施工中必须正确处理质量、投资、进度三者之间的关系。一般情况下是在保证质量和工期的前提下，通过加强管理达到降低成本进而达到节约投资的目的。

建筑工程施工质量关系到整个建筑的安全稳定性，而影响施工质量的关键因素便是施工技术。所以要提升建筑工程施工技术的管控效果，强化建筑工程质量管理工作，确保工程施工质量符合标准要求，提升建筑的安全性。

一是以人为核心。人是质量的创造者，质量控制必须"以人为核心"，把人作为控制的动力，调动人的积极性、创造性，处理好参建各方面的人际关系；增强人的责任感，树立"质量第一"的思想；提高人的素质，避免人为失误；以人的工作质量保工序质量和工程质量。

二是以预防为主。"以预防为主"，就是要从对质量的事后提交把关，转向对质量的事前控制、事中控制，这是确保工程质量的有效措施。

三是坚持质量标准、严格检查，一切用数据说话。质量标准是评价产品质量的尺度，数据是质量控制的基础。产品质量是否符合质量标准，必须通过严格检查，以数据为依据来判定。

四是贯彻科学、公正、守法的职业规范。在监控和处理质量问题过程中，应尊重客观事实，尊重科学；正直、公正，不持偏见，遵纪守法，杜绝不正之风；既要坚持原则、严格要求、秉公办事，又要谦虚谨慎、以理服人、热情帮助。

五、经费双向管控，控制投资风险同时提高资金预算执行

一是分阶段设置明确的投资控制目标。由于建设项目周期长、涉及因素多、投资大，项目管理者不可能在项目一开始就确定一个具体明确、一成不变的投资控制目标，而只

能设置一个大致的投资规模控制目标，即投资估算。随着项目的进展，投资控制目标一步步清晰、明确，再形成设计概算、施工图预算、承包合同价等。具体来说，投资估算应是设计方案选择和进行初步设计的项目投资控制目标；设计概算应是进行技术设计和施工图设计的项目投资控制目标；施工图预算或建筑安装过程合同则应是施工阶段控制建筑安装工程投资的目标。

二是以设计阶段为投资控制重点。项目投资控制贯穿于项目建设全过程，但不同阶段对项目投资影响不同。一般来说，在初步设计阶段，影响项目投资的可能性为75%~95%；在技术设计阶段，影响项目投资的可能性为35%~75%；在施工图设计阶段，影响项目投资的可能性则为5%~35%。很显然，项目投资控制的关键在于施工之前的投资决策阶段和设计阶段，而在项目做出投资决策后，投资控制的关键就在于设计阶段。

三是采取主动控制的原则。投资控制应立足于事先主动采取措施，尽可能减少或避免目标值与实际值的偏离。当出现偏离再采取措施时，对由于偏离或纠正偏离而造成的损失已经无法弥补，这种被动控制对减少损失或避免出现更大损失虽然也有实际意义，但投资控制还应采取积极主动的控制方法。

四是技术与经济相结合的原则。工程技术人员与财会、预算人员往往不熟悉工程进展中的各种关系和问题，单纯从各自角度出发，难以有效地控制项目投资。要将技术与经济结合起来，通过技术比较、经济分享和效果评价，正确处理技术先进与经济合理的对立统一关系，力求在技术先进条件下的经济合理，把投资控制渗透到各项设计和施工技术措施中。

五是投资控制要与质量控制、进度控制同时进行的原则。投资控制不是单一目标的控制，不能简单地把投资控制理解为将工程项目实际发生的投资控制在计划投资的范围内，而应认识到，投资控制是与质量控制、进度控制同时进行的，在实施投资控制的同时要兼顾质量和进度目标。

六是高度重视预算编制与执行。以"财政一体化管理系统"为依托，学校财经部门、采购部门、审计部门、基建管理部门要高度协同，强化基建项目预算编制基础工作，高度重视基本建设项目年度预算计划，做到编制投资计划与预算编制同步推进，切实提高基建项目预算编制的科学性、合理性和可操作性。基本建设投资预算批复下达后，严格执行项目支出预算，强化预算执行，切实提高项目支出执行进度，同时要加强对项目预算执行的后续跟踪，杜绝"三超"。

六、档案攻坚克难，提高项目各类档案的完整性和规范性

基建项目档案是项目建设成果的重要组成部分，能够全面系统地反映项目建设内容和全过程的历史记录，是学校档案资源的重要组成部分。基建项目档案工作目标是实现项目档案工作与项目管理工作协同管理和同步管理，确保项目档案完整、准确、系统、规范、及时、安全。

一是建立健全项目档案工作网络。基建项目领导小组、学校档案管理部门、基建项目直接管理部门、各参建方组成四层级档案工作网络。基建项目管理部门配备专职档案人员，负责收集各参建单位的档案、管理各参建单位的资料员。

二是建立分工明确、各司其职的项目档案工作责任体系。学校负责项目档案工作组织领导、建立各方参与的档案工作网络、强化业务指导和监督检查、指定专人负责开展建档工作；施工、设计、勘察等单位按合同约定负责承担工程文件的收集、整理和归档，移交；监理单位按合同约定负责工程监理文件的收集、整理和归档、移交，负责监督和检查监理工作范围内的勘察、设计、施工等单位的项目建档工作。

三是建立健全项目档案工作规章制度。根据国家和教育部的要求，结合学校和基建项目实际情况制定项目档案工作实施细则、工作方案（包括组织管理体系、制度体系、重要的控制措施和工作计划等），明确归档工作流程、归档要求、细化项目归档范围、编制项目档案分类表等，通过制度与流程融合，把档案管理融入项目管理体系并给予合理的定位，使档案管理的各项工作与要求纳入项目管理程序，与工作流程结合。

四是加强项目档案工作与项目建设的同步管理。立项阶段同步启动、部署项目档案工作（项目可研批复后），落实项目档案工作条件（人员、制度规范、工作方案等）；实施阶段同步收集项目文件材料，检查项目文件材料形成归档情况；验收阶段将项目档案验收纳入项目验收同步开展。

五是健全项目档案质量约束机制。首先是纳入合同管理。专职档案员参与主要项

目招标文件起草、合同谈判，明确参建单位的档案工作职责，提出文件材料归档工作要求，明确人员配备、归档范围、整理规范、套数、介质以及违约罚则；监理合同中应明确其对施工文件、竣工图等审核职责；合同款支付审批时应审查项目文件的归档情况。其次是强化制度与职责落实，实施关键节点质量控制。项目档案人员要深入工地，组织做好项目文件质量审核；档案经监理、建设单位工程主管部门人员审查后，要形成审查档案记录，列出整改清单，形成闭环。

六是加强项目文件材料收集归档力度。强化依法依规开展项目档案工作的意识，做到应归尽归、应收尽收。凡是应归档的文件材料，任何部门和个人不得据为己有或拒绝归档。

创新基建管理模式　促进基建工作提质增效

华中科技大学

一、借鉴"战区主战，军种主建"思想，构建基本建设管理新模式

（一）基本情况

2015年11月，中央军委提出军队建设"战区主战、军种主建"的原则。针对学校基本建设管理工作既要统筹所有项目的建设，实现对日常工作的专业性及高效性管理，以不断满足学校事业发展对于物理空间的需求，又要兼顾基本建设领域的廉政风险防控这一实际情况，学校借鉴"战区主战、军种主建"的思想，搭建起基本建设管理新模式。

（二）具体举措

对承担学校基本建设任务的基建与规划处的管理体系进行扁平化的改革，淡化了以科室为具体管理单位的传统管理体系。在基建项目具体的管理中搭建起处长、分管副处长，以及各岗位负责人三级管理体系，建立了项目统领、岗位负责的工作机制。在具体的项目管理中以单个基建项目为"战区"，由具体项目负责人作为"战区司令"对基建项目进行统一管理，同时设置报建、设计、招标、合同、投资以及档案等各岗位负责

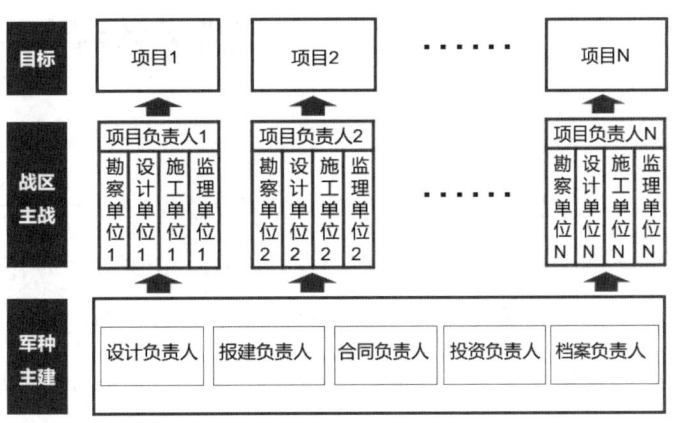

"作战"示意图

人等作为单独的"军种"负责人，根据基建项目的不同阶段的不同重点任务同项目负责人进行配合。

（三）突出成效

一是实现了基建项目的统一管理。由项目负责人作为"战区司令"直接统一管理勘察、设计、施工、监理等单位，负责统筹协调项目全过程管理中的报建、招投标、进度、质量、安全、投资控制、验收、结算等具体工作。

二是确保了业务管理的专业化及统一性。各"军种负责人"分段配合，具体负责自己所负责领域的专业化管理，配合项目负责人解决项目各阶段的问题，确保业务管理中的每一个环节都能够落实到每一个具体负责人，同时按照统一的标准去解决同类问题。比如报建负责人，主要是负责项目的前期立项、政府部门报建等相关工作；设计负责人主要负责前期同使用单位的对接，编制设计任务书，同时管理设计单位等；合同负责人主要是负责项目的招标管理，比如同学校采购招标部门联系，负责招标文件的初步审核等；投资负责人主要负责管理工程咨询单位，负责清单控制价的编制，项目实施过程中的设计变更、现场签证以及材料签价等的审核以及最后的结算审计工作等。

三是做到了不相容岗位相分离，结合工程管理集体会审的决策机制，各岗位既相互配合又相互制约，在确保管理效率的同时，极大地降低了廉政风险。

二、引入第三方设计咨询提升设计质量

（一）基本情况

设计作为工程项目的重要组成部分，其设计水平的高低对工程进度、质量、投资的影响是巨大的。高水平的设计图纸，在保证工程按总体进度计划实施的前提下，能最大限度地确保工程质量；低质量的设计图纸，随之而来的就是频繁的设计变更，就会出现现场返工等现象，从而给成本控制带来困难，延误工期，影响工程质量。

由于建筑行业的快速发展，目前各大设计院的设计任务较重，施工图设计过程中大部分基础设计都由刚工作的新手按照模型进行设计，普遍缺乏现场施工经验，导致项目实施时，掉漏项多，众多做法无法落地，图纸版本更换频繁，设计变更频发。

（二）具体举措

为提升设计质量，学校在施工图完成后引入第三方设计咨询单位对施工图进行复核，与政府要求的施工图审查的区别在于：施工图审查主要是针对设计文件中涉及公共利益、公众安全和工程建设强制性标准内容进行审查，第三方设计咨询主要是针对设计文件的完整性、可行性、经济性进行复核，重点在于从细节上减少设计文件的缺陷，提升设计文件质量。针对复核过程中发现的问题，组织施工图设计单位进行核对修改，提升设计质量，最大程度地减少错碰漏缺，即减少施工过程中发生设计变更的可能性，确保项目投资、进度、质量的可控性。

（三）突出成效（以学校某宿舍建设为例）

引入第三方设计咨询单位后，施工图设计文件的质量得到明显提升。以学校某宿舍施工图设计为例，经第三方设计咨询单位复核后，共提出涵盖工程建设强制性标准内容（如消防规范）、具体防水做法、型材选型等方面约300个问题，施工图设计单位收到设计咨询反馈意见后，经过重新核对，接受约150条修改意见，并在设计文件中逐一进行了修改。

通过引入第三方设计咨询单位，在正式施工招标之前，第三方设计人员与施工图设计人员就施工图中的各类问题进行充分的探讨核对，最大程度地减少设计文件缺陷，减少设计变更，提升设计质量。

优化资源利用体系
从源头上提高基本建设管理水平
——西南大学积极探索基建高质量发展路径

西南大学

近几年来,西南大学从优化资源利用体系的角度,深化改革,从源头上治理基建管理工作中的难题,推动基本建设高质量发展。

一、强化党建引领,夯实管理队伍基础

"欲筑室者,先治其基。"基建工作高质量发展的基础是建设一支又红又专的管理队伍。

1. 加强党对基建工作的全面领导,从严管理关键人、关键事

完善议事规则,强化学校党委常委会、校长办公会对基建工作重大事项的决策职能。整合基建、房地产部门管理职能,成立后勤保障部和后勤保障部党委、纪委,强化党对基建工作的全面领导。在选拔任用基建、采购部门负责人时,从严审查政治关、廉洁关、能力关。严格执行轮岗交流制度,2018年以来,基建、采购、审计部门的处级干部轮岗6人。学校主要领导和分管副校长,经常深入一线调研、检查基建工作,推进基建管

理制度建设、廉政风险防控和工程质量、进度控制，细化落实管理措施。

2. 筑牢基建领域工作人员思想道德防线

坚持问题导向，针对行业普遍性的问题和自身漏洞，开展经常性反腐倡廉教育，提高从业人员的政治素质和拒腐防变能力。坚持正风肃纪，以"严格禁止接受与工程项目相关的所有单位的红包、礼品、吃请"等为切入口，从严管理，持续推进基建领域廉洁文化建设。依托政治理论学习、主题党日活动等，开展经常性党性党风党纪和法治教育。对处、科级干部开展1~2次典型案例警示教育，坚持廉政情况报告登记制度，严格禁止学校各级领导干部在工程项目招投标、款项支付等环节说情打招呼，学校基建领域风清气正的环境得以形成。

3. 推进基建管理干部队伍年轻化、专业化

结合基建管理内控制度建设，优化科室机构设置和职责划分，加快建设专业化、年轻化的管理和技术骨干队伍。2018年以来共补充建筑类专业技术人员9人，年龄在25~40岁之间，初步实现了队伍年龄结构、知识结构的新老更替。

二、整合参建力量，选好优质设计施工单位

建好项目，优质的设计和施工单位是至关重要的资源。

1. 改革项目管理模式，解决学校自身专业力量薄弱的问题

依据国家部委相关文件指导意见，探索实践，公开招标引进了工程全过程咨询管理团队，对项目设计、造价、招标代理、监理等进行集成化管理，强化咨询单位责权利，有效化解各项服务脱节和碎片化问题，增强了工程项目全过程管理的系统性和整体性。

2. 强化部门间沟通配合，充分调研，细化管理，提高招标质量

通过市场调研、全过程咨询管理和公开招标，吸引了中字头建筑企业、清华大学

建筑设计研究院等优质单位参与学校重点项目建设，全面提升了学校重点项目设计施工管理水平和技术力量。四新村博士生公寓如期竣工、生物学大楼结构主体封顶、实验动物中心主体结构即将封顶。目前看，设计质量、施工质量和投资控制、造价管理、进度管控、安全文明施工等均有大幅度提升。

西南大学四新村博士生公寓实物图

西南大学生物学大楼现状

西南大学实验动物中心效果图

三、依法管理，提高基建管理法治水平

管好参建单位，必须用好法律武器和合同约定条款。

1. 聘请基建房地产专业律师团队，强化对参建单位的日常管理

近一年多来，律师团队常年在线或现场开展服务，对所有重要合同文本进行了再次审核修订；采用出具律师函、律师意见建议书、律师参与约谈施工单位等30余项措施，解决了施工单位拖欠农民工工资、拖延赔偿受伤员工损失、不接受违约处罚、不配合竣工结算、工程资料不规范不及时等合同纠纷问题。

2. 依法维权，推动药化大楼通风系统质量问题整改取得成功

学校药化大楼通风系统投资2300万元，2017年开工并于2019年建成投入使用后，陆续发现一系列的质量问题。学校先后几十次电话和书面责令施工单位整改，但施工单

位一直敷衍整改、拖延整改。2022年5月，学校依法起诉施工单位索赔、暂缓工程余款和质保金支付，同时冻结了资金1300万元；9月，施工单位寻求和解谈判；12月，法院出具调解书；2023年1月，施工单位进场试整改，3月全面开展整改，6月基本完成了约定的整改任务。

四、盘活资源，努力保障基本办学条件

学校地处西部，历史欠账多，地方财政投入极少，自筹经费能力弱，必须发挥好有限的建设资源和资金效益。

1.优化校园空间规划，节约利用土地

近年来，学校编制了《基本建设发展战略规划》《校园建设总体规划（2021—2035）》和《校园交通改善专项规划》，努力把学校建设成"人文、绿色、活力、智慧、和谐"校园。规划中，通过拆旧新建和功能分区优化等，增加规划建设用地23万平方米。生物学大楼（7.4万平米）在项目报批前，学校再次慎重论证，为充分利用地下空间资源，修改了设计方案，增加两层地下停车库，最终设计最大停车数量可达500余辆。

2.利用现有房产资源，减少新建投入浪费

深化房产管理改革，制定公房调整五年计划和长远规划，避免无序调整带来的建设资金浪费。打破管理壁垒，加快推进全校报告厅、会议室、本科生和研究生理论教学用教室的统筹管理，提高公房资源共享率，避免低效使用和重复建设。2022年，学校清理、腾退使用效益不高的4栋职工宿舍和1栋食堂洗消车间后，装修改造为研究生宿舍，新增床位800余个。

高校基本建设项目采用委托代建模式的实践研究

中山大学

一、采用委托代建模式的基本情况

在教育部的领导下,在广东省及地方政府的大力支持下,"十三五"以来,中山大学紧抓国家和广东省建设重大战略机遇,积极争取办学资源,加快中国特色世界一流大学的建设步伐。学校重新优化广州校区,全面提升珠海校区,全新建设深圳校区,各校区全部开启建设。基建项目规模大、时间紧、任务重,基建处人员数量无法支持三校区五校园同时建设的需求。为保质保量保进度完成基建任务,在各校区所在地政府的支持下,根据项目所在地实际情况,学校积极与广州市政府、珠海市政府以及深圳市政府沟通协调,在各校区探索实施了灵活多样的建设模式,项目代建管理模式逐渐成形。

广州校区基建项目委托广州市重点公共建设项目管理中心管理,采取"实行共建,分工合作,责任共担"的管理模式;珠海校区基建项目公开招标确定珠海华昕开发建设有限公司为代建单位,共同推进项目全面建设;深圳校区采用"交钥匙工程"模式,由深圳市建筑工务署按学校要求建设完成后交付使用。

二、工作举措

1. 学校与代建单位明确职责与分工，共同推进项目建设

广州校区采用"实行共建、分工合作、责任共担"的代建管理模式，珠海校区采用"分工合作、共同管理"的代建管理模式，二者的模式基本一致，即在代建管理协议书中明确双方职责和分工，共同推进项目建设和管理工作。学校负责项目立项，用地准备、确定项目建设内容（含功能需求、建设规模、建设标准等），确认设计成果，落实建设资金及拨付，负责工程结算的终审、竣工财务决算的编制等。代建单位负责部分报批报建、招标、合同签订，组织设计、施工许可证办理、现场管理、造价控制与管理、竣工验收移交及工程结算等各阶段建设管理工作。并在协议中约定贯彻廉政建设、开展廉政教育，预防腐败等条款。

深圳校区采用"交钥匙工程"模式。学校主导项目功能需求、确定建筑风格、协调政府部门推进建设、监督落实品质。代建单位负责项目建设的全过程管理。

学校与代建单位职责与分工明确，工作运行机制流畅，便于监督和推进项目建设。

2. 学校与代建单位建立沟通工作机制，共同解决项目建设过程中出现的问题

广州校区学校与代建单位形成基建工作联席协调会机制，珠海校区每周与代建单位主要负责人召开会议，深圳校区学校定期与代建单位召开建设推进会落实项目建设要求，就建设过程中存在的问题，商讨解决方案，共同推进项目建设。畅通的沟通渠道，能让双方更好地解决问题，把控工程质量和进度，确保项目建设安全有序。

学校基建处每日进行工地巡查、每周参加工地例会、每季度开展各校区工地检查，对项目进度、施工质量进行监督。发现问题、及时整改。学校对工程进度的监督和管理，能更加激励代建单位做好工程管理。

三、突出成效

1. 三校区项目同时推进，大大提高建设进度

广州校区代建项目总建筑面积约 80 万平方米，珠海校区总建筑面积约 123 万平方米，深圳校区一期建设项目总建筑面积 129 万平方米。截至 2023 年 5 月，广州校区已完工总建筑面积约 58.7 万平方米；珠海校区已完工总建筑面积 93.3 万平方米；深圳校区已基本完工。三个校区在学校和代建单位的共同努力下，全力推进建设，校园基本建设有序推进，优化了广州校区、珠海校区校园环境，深圳校区全新校园拔地而起。

2. 提升工程质量，推进高质量建设

代建单位专业人员配备齐全，管理力量较强，工程管理经验较丰富，对提升项目过程管理水平，推进高质量建设发挥了重要作用。在已交付的项目中，中山大学广州校区南校园博物馆，北校园医学科研楼 3 号、4 号，珠海校区大气科学学院楼、海洋科学学院楼，深圳校区 EPC 工程总承包 1 标等共 19 个项目分别获省市级示范工地、样板工地奖项。已完工的珠海校区大气科学学院楼获中国建设工程鲁班奖，广州校区南校园体育馆、东校园人文社科楼获广东省土木工程詹天佑故乡杯奖。

四、经验启示

1. 充分发挥代建单位专业技术力量相对雄厚、工程管理经验丰富的优势

代建单位均为专业建设工程管理部门，管理职业化程度较高，专业技术力量较雄厚，能充分代"建设单位"履行部分权力和责任，严格做好前期、设计、招标、施工等各个环节的过程管理，落实重要节点的形象进度，妥善协调处理建设中遇到的各种难题，在把控工程投资、进度、质量等方面取得了较好的成效。

2. 项目代建在实践中存在的不足

代建管理协议书只约束了代建单位的责任和义务，对代建单位的人员投入、工作

考评没有更加规范和清晰的约束，学校对代建单位的工作成效无法进行有效的监督和制约，对设计质量和施工安全、质量的管理比较薄弱。另外，代建单位对校园文化缺乏了解，对设计理念、需求落实深度等的审核和把控相对欠缺，导致施工变更较多。

项目代建的运作和发展还需进一步探索，但是代建模式在解决高校在开展大规模建设时面临的基建管理人员短缺，提升管理水平等方面能够发挥较大的作用。

积极探索新模式
促进学校基本建设高质量发展
——设计施工总承包建设模式探索

武汉大学

武汉大学以问题为导向，不断深化和巩固中央巡视及经济责任审计整改成果，加强基本建设规范化管理，健全廉政风险防控措施，积极探索新的建设模式，强化顶层设计和系统管理理念，在基本建设领域取得了一定的成效，积累了一些有效的管理经验，有力推动和保障了学校的建设发展。

为加快项目建设进度、选择优质的施工队伍、提高工程施工质量，自 2016 年大学生体育活动中心项目开始，学校对大型基建项目试行设计施工总承包建设模式，截至 2022 年，已有 13 个新建项目采用此模式开工建设。从实施情况来看，推行此种模式建设的项目，在施工质量、进度、造价控制方面基本达到了预期的效果。在已竣工的项目中，大学生体育活动中心和工学部一号教学楼重建两个项目均荣获国家优质工程奖。大学生体育活动中心在 2019 年成功举办第七届世界军人运动会羽毛球比赛，精良的场馆条件和赛事组织得到了组委会和运动员的好评；工学部一号教学楼成为学校公共教学楼的标杆；信息学部学生 17、18 舍和湖滨学生 14、15 舍在建设周期短的情况下，仍然提前竣工交付使用，及时解决了 5400 余名校外住宿学生回迁学校住宿的难题，优越的住宿条件得到了学生的称赞；医学部 9 号科研大楼按期完工，建设质量良好，项目已获评湖北省安全文明标准化工地、湖北省结构优质工程、湖北省工人先锋号，拟参评湖北省建筑工程安全文明施工现场（楚天杯奖）并申报中国工程建设鲁班奖。

设计施工总承包建设模式对于高校基建领域来说，是一种全新的建设模式，没有可以全盘借鉴的成功经验和做法。作为首批试行此种建设模式的学校，为保证项目顺利实施，实现预期建设目标，学校基建、招标、审计、财务等部门紧密围绕设计施工总承包建设项目的特点，以质量、造价控制和风险防控为重点，不断学习、探索、完善相应的管理办法，通过几年来的努力，在设计施工总承包建设项目方面积累了以下管理经验。

一、增强前期管理和风险防控

1. 合理确定招标阶段

为防止招标阶段因质量交付标准不明造成的后期施工质量不高、工程造价缺乏控制依据的情况，学校各项目在取得建设工程规划许可证并完成地勘及初步方案设计（含装修方案及效果图、基坑支护等）、基本明确工程交付标准后，从施工图设计开始进行设计施工总承包招标。

2. 明确发包人招标需求

在招标需求中依据初步设计文件，明确列出装修、安装、暖通、弱电等各专业主要材料、设备的技术指标和品牌要求，为后期施工图审查、材料和设备进场提供审核控制依据。

3. 认真编制招标文件

基建、招标、审计、财务等部门参与招标文件讨论和审定，合理确定投标资质（含联合体要求）、评标打分办法、投标报价范围以及合同专用条款（工程款支付、工程造价调整方式、风险范围、结算办法、处罚条款等），尽量减少会引发后期争议的事项。

二、强化施工过程监管和质量控制

1. 以党建促生产

基建管理处党支部创新党建工作模式，依托重点项目与施工单位、监理单位以及用户成立联合党支部，加强共建，充分发挥党支部的战斗堡垒作用。

2. 认真签订合同文件

基建、招标、审计等部门参加合同谈判，依据招标文件、投标文件确定合同文本，三方参与合同审签。

3. 加强施工图纸审核

施工单位依据初步设计文件和招标要求进行施工图设计，按规定报送图审。同时，基建部门依据初步设计文件、招标需求对装修方案、设备采购方案、施工图设计偏差进行重点审核，把好施工图质量关。

4. 加强现场施工管理

基建部门建立项目小组责任制，项目小组对工程质量、进度及安全文明施工管理负责。材料进场执行看样审核制度，严格控制材料进场、施工交付标准。设置安全与文明施工管理专职监管员，加强安全文明施工监管。认真开好监理例会，强化监理单位的作用。

三、加强造价控制及审计监管

1. 加强设计源头管理

依据教育部批复的项目投资计划和建设规模组织方案设计和初步方案设计，认真落实政府部门核准的绿建、装配率、节能、绿化、海绵城市建设等指标要求，完善初步设计内容，为招标和质量、造价控制提供可靠依据。

2. 加强设计变更和现场签证管理

学校于 2017 年出台并于 2021 年修订了《武汉大学建设工程设计变更及现场签证管理细则》，明确了审批程序、量化审批权限。基建部门每周召开变更签证专题会议，及时审议变更签证事项。

3. 加强审计全过程监管

学校审计部门深度参与项目建设管理，事前参与初步方案设计讨论、招标文件制定，组织初步设计概算、施工图预算审核；事中参与合同文件洽谈和审核，参与重大设计变更、现场签证事项研究，适时开展项目跟踪审计；事后严格依据合同进行竣工结算审核，适时开展项目管理审计，切实发挥审计监督作用。

四、形成合力高效推进项目建设

1. 执行学校专题会研究推进制度

在项目实施过程中，由分管校领导主持召开专题会议，基建、财务、审计、招标等相关部门负责人参加，及时协调解决项目建设中的难点和堵点问题，合力推动基建项目加快推进。

2. 对重点项目加强督办

由分管校领导、基建处处长深入施工现场挂帅督办，及时调查了解、协调解决存在的问题和困难，严格按照既定的建设目标，全力推进、狠抓落实。

3. 建立良好的部门工作关系

基建、招标、审计、财务等相关部门在日常工作中加强沟通协作，及时反馈并研究解决项目实施过程中碰到的问题和困难，查缺补漏，相互补台，不断改进和完善管理办法，积极推动项目建设。

目前，为进一步做好设计施工总承包项目风险防控，通过总结自身经验、向兄弟高校学习、听取专业咨询建议等方式，学校在前期已实施的总价包干结算方式的基础上，调整结算方式，开始试行中标合同价控制下的施工图预算审核结算方式，以通过不断优化管理办法，提升基建项目管理效能，高质量推进基建项目建设，有效服务学校"双一流"建设。

深度参与 做好高校基建
EPC 工程总承包模式下的风险防控

华中农业大学

EPC 工程总承包模式是一种集设计、采购、施工于一体的工程管理模式。本文拟以华中农业大学两个 EPC 工程项目管理经验为基础，总结业主单位如何通过深度参与项目全过程管理，以更好防范 EPC 工程总承包模式下高校基建项目中存在的风险。

一、项目概况

华中农业大学学生公寓（八期）、畜牧兽医与营养健康创新实践基地这两个项目均采用了 EPC 工程总承包模式。

学生公寓（八期）项目总建筑面积 27380.12 平方米，其中地上建筑面积 23556.17 平方米，地下建筑面积 3823.95 平方米，建筑高度 21.50 米，2020 年 11 月开工建设，2021 年 9 月竣工交付。

畜牧兽医与营养健康创新实践基地总建筑面积 38715 平方米，其中地上建筑面积 30737 平方米，地下建筑面积 7978 平方米，建筑高度 31.65 米，2022 年 7 月开工建设，工期 24 个月，是一座集通用实验室、专用实验室、报告厅、教师办公室、学习室等于一体的科研楼，使用单位为湖北洪山实验室。

二、工作举措

1. 深化可研，细化方案，严把设计关

设计是源头，是工程建设和工程造价控制的前置环节。基建管理部门连同设计单位多次深入调研平面功能，建筑结构荷载、暖通、强弱电、用水等方面需求，将使用单位需求充分体现在设计方案中。通过组织专家咨询会、方案评审会、委托专业咨询等方式，加强对可研报告和设计方案科学性、合理性论证，不断深化可研报告，精心打磨设计方案，有效避免了招标前期准备不充分、可研不深入、初步设计和概算不全面等情况。

2. 全程参与，联动协作，严把招标关

招标工作是EPC工程总承包模式下工程管理的关键环节。为做好该项目招标工作，防范招标风险，学校采取了以下措施：一是合理划分总包范围，结合项目专业需求，合理划分总包建设范围，不将实验室及配套设施建设等专业性较强、总承包商不擅长的建设内容纳入EPC范畴；二是建设高标准供应商数据库，定期更新供应商数据库，在招标文件中明确参考品牌，有效保障工程造价和工程质量；三是实行部门联动协作机制，建立基建、采招、审计、使用单位等多部门联动协作机制，对招标文件进行会审，不断提升招标文件质量；四是实行"双控"机制，对工程造价在100万元以上的项目，基建、审计部门"背对背"编制工程量清单和控制价，有效提高工程量清单编制的准确性与合理性；五是开展联合招标，在分包商选择上，严格审查分包商资质，必要时，与总承包单位开展联合招标，优选分包商。

3. 严格程序，分级管理，严把变更关

工程变更是影响工程造价和工程进度的重要因素。为有效控制变更，实现科学合理变更，学校采取了以下措施，以防范变更风险：一是设置工程总造价"天花板"，强化各单项工程限额设计管理和造价平衡，对各单项工程均有明确的设计限额；二是严格执行变更管理规定，做好论证、决策、审核，实行变更分级决策管理；三是对工程变更的必要性和可行性进行充分论证，汇集使用单位、施工单位、设计单位、专家力量，充分论证变更的必要性，结合功能需求满足度、工程造价、工期影响等方面因素制定科学合理的变更方案。

4. 强化管理，紧抓节点，严把质量关

工程质量是工程建设的生命线，是工程管理的最终落脚点。虽然在 EPC 工程总承包模式下，实行的是"交钥匙工程"，但也存在着承包商为获取更多利益，从而降低工程质量的风险。为严控工程质量，学校在项目管理中采取了以下防范措施：一是配强管理团队，组建由项目负责人、水电安装工程师、设计负责人、造价负责人等构成的矩阵式管理团队，强化管理团队专业水平；二是紧抓节点管控，严把材料进场关、隐蔽工程验收关、设备报验调试关，强化施工管理的全程跟踪检查，充分发挥跟踪审计监督作用；三是实行样板试验，坚持"试验先行、样板引路、分级验收"原则，坚持问题导向，同时把关键工序的关键成果进行转化和推广，确保工程质量；四是积极采用新技术，要求总承包单位采用 BIM 等新技术，加强不同工种之间的协调，降低组织协调管理风险。

三、经验启示

1. EPC 工程总承包模式的优势与风险并存

该模式有助于减少业主管理工作量，更好发挥承包商的专业优势，易于造价和工期控制，有效解决了高校基建管理普遍存在专业力量不强、工程项目管理经验不足等问题。虽然是"交钥匙工程"，但风险也贯穿决策、设计、施工等各个阶段，需认真防范。

2. 严格落实流程，掌握管理主动权

EPC 工程总承包模式相对于高校基建管理是新模式，需要业主单位掌握管理主动权。要严格执行相关工作机制和制度流程，对于未明确流程的工作，基建部门要及时组织参建各方研究问题，必要时邀请政府建设管理部门参与，从而把握主动权，把好决策关，有效降低工程建设风险。

高校基本建设项目采用 EPC 工程总承包模式的实践研究

中山大学

一、EPC 工程总承包模式基本情况

EPC 工程总承包模式即"设计—采购—施工"总承包模式，是国际工程企业项目管理的主流模式之一。2003 年开始，我国进一步推广该模式，目前得到了一定的发展和进步。EPC 工程总承包单位对建设工程的"设计、采购、施工"整个过程负责，并进行全过程控制，包括对建设工程的质量及建设工程的所有专业分包人履约行为负责，从而建设单位可以大幅度节省人力、物力资源，转移相应的项目管理风险。

根据广州校区新规划建设项目的实际情况，经学校研究决定，广州校区南校园怡乐路教师公寓、体育馆、生命科学楼群、博物馆、东区学生公寓、东校园人文与社科楼、化学与材料楼，北校园医学科研楼 1 号、2 号、3 号、4 号及北校区多功能体育馆共 11 个项目在代建管理模式基础上，采用施工牵头的 EPC 工程总承包模式建设，总建筑面积约 73 万平方米，总投资约 50 亿元。

二、工作举措

1. 明确主体责任，整合设计施工单位资源

以施工牵头的EPC工程总承包模式，由施工单位全面负责把控项目建设质量、安全、进度和造价等。施工单位与设计单位形成紧密的联合体，成立EPC工程总承包项目管理部，明确总承包单位各方的职责，合理调配设计和施工力量，实现资源共享，进行专业化、规范化、标准化管理，保证整个项目按计划实施。

2. 优化招标模式，缩短招标时间

EPC工程总承包模式勘察、设计、施工一起招标，相对于传统的工程项目单独招标的模式，大大缩短了招标时间。对单体数量多的情况，为加快招标进程，监理招标及全过程造价咨询服务招标可以将以上内容划分为三个标段进行招标，缩短招标时间，使监理和造价咨询人员尽快介入项目管理。

3. 设计单位定期巡场，对施工过程的设计问题进行动态纠偏

设计单位充分发挥技术保障和服务作用，与施工单位一起讨论确定项目进度计划，并根据实际施工情况进行调整。定期对施工现场进行巡查，确保设计方案充分落地，并及时发现施工问题、指导施工、协调施工变更及签证。设计单位和施工单位相互配合，确保工程进度、质量和安全。

三、突出成效

1. 充分发挥EPC工程总承包模式优势，保障项目建设工期

充分利用EPC工程总承包模式的优势，深化设计工作前移，工程工序有效提前，通过合理组织施工，保障项目建设工期。南校园体育馆、东区学生公寓两个项目均提前竣工验收，满足了学校对改善办学条件的迫切需求。南校园生命科学楼群、东校园人文社科楼、东校园化学与材料楼等工艺需求相对复杂的项目，也基本在两年内完工。

2.优化设计施工配合,提升工程建设效率

施工牵头的EPC工程总承包模式下,施工单位可以根据现场人力资源及材料物资情况进行施工方案提前谋划,结合设计单位定期巡场修改意见,做好设计优化方案的落实。施工现场遇到因图纸问题影响施工的,不需另行变更。设计施工协调处理现场问题,有效地减少了变更审批流程所耗费的时间,保证了施工的可操作性,降低了设计施工之间节奏不协调带来的时间消耗,有利于对工程进展进行全局统筹,有效提升了工程建设效率。

3.采用限额设计、全过程造价咨询模式,合理控制造价

EPC项目一般都实行限额设计。施工单位和设计单位是一个联合体,会更加注重优化设计方案,提高设计质量,同时减少设计变更。在施工过程中遇到的图纸预算清单的错漏项等问题,由设计单位和施工总承包单位协调解决,并由施工总承包单位承担所产生的费用,这种模式有利于控制节约工程造价。EPC项目开展全过程造价咨询,第三方审核单位对项目的概算、预算、结算进行审核,确保造价控制在合理范围内。

四、经验启示

1. EPC工程总承包模式更适用于设计方案成熟的基建项目

南校园体育馆建筑面积约1.8万平方米,东区学生公寓建筑面积约6万平方米,在EPC工程总承包模式下提前竣工验收。其原因是体育馆、教学楼、学生宿舍、教师公寓等项目设计方案已较为成熟,选材常见,工程变更较少,能充分发挥EPC工程总承包模式缩短工期、控制成本的优势。但教科研实验用房因其功能需求相对复杂,施工工艺、材料、节能、环保等方面要求都较高,施工过程中不确定的风险较多,较难发挥EPC工程总承包模式的优势。

2. EPC工程总承包模式存在的问题

因受到传统建设模式及我国建筑行业体制的约束,EPC工程总承包模式的实际运

用并不是很多。很多设计、施工单位都是第一次尝试该模式运作，传统分工的观念并未及时转变，开始阶段设计与施工的协调需要较长时间的磨合。施工单位对工程前期报建、设计方案并没有深入了解，很难发挥对设计方案的优化作用。施工阶段，施工单位对材料采购和施工质量占据主导地位，需要建设单位加强设计单位与施工单位的协调，将项目建设和项目管理结合起来，保证工程的整体质量。

另外，由施工单位牵头的 EPC 工程总承包模式也使造价控制存在一定的难度，比如施工图预算往往存在超总投资的风险，这对限额设计和造价管理也提出了更高的要求。建议在合同中约定初步设计阶段各专业的清单的完整性和材料品质、定价的要求，严格将施工图预算控制在项目概算范围内。

新时代背景下高校图书馆建设管理创新探索
——以中国农业大学新图书馆项目为例

中国农业大学

一、项目背景及基本情况

（一）项目立项背景

高校图书馆目前在高校建设中地位重要，是高校发展的重要支柱之一，对高校的发展有着重要的影响。为此，中国农业大学决定建设一座与世界一流农业大学相匹配、满足师生需求的新时代现代化图书馆。项目可行性研究报告于2012年获国家发展改革委批复，总投资批复2.89亿元。

（二）项目基本情况

中国农业大学新图书馆总建筑面积为48575平方米，其中地上39170平方米，地下9405平方米，总建筑高度为36.75米，地上7层，地下1层。项目位于东校区核心位置，不仅为师生提供了具有图书藏阅、公共会展、研习交流和行政办公功能的建筑空间，也重塑了其所在区域的校园环境，为校园增添了一道亮眼的风景，在建成后被广大网友评选为2019年度最具特色的"网红图书馆"。

项目基本建设从设计到施工，聚焦学校提出的"好用、好看、低碳、前瞻"四条

中国农业大学新图书馆外立面鸟瞰　　中国农业大学新图书馆外立面实景图

实用又精练的建设目标，设计方案管理精心打磨、进度控制加紧节奏、工程质量严把标准、建设管理智能多元，高质量、高标准完成了新图书馆建设。在管理上，项目被评为"2018年北京市绿色建造暨绿色施工示范工程"；在质量上，项目荣获北京市"2017—2018年度结构长城杯金质奖工程"，用实际行动向全校师生交出了一份漂亮的答卷。

二、建设管理重点剖析

（一）重点工程高度重视

作为学校重点项目，为顺利推进学校新图书馆建设，学校单独组建了"新图书馆建设办公室"专班，直接负责新图书馆项目建设的全过程管理，建设办公室主任由后勤基建处副处长兼任。专班定期推动各部门联合就项目推进开展工作，在项目建设过程中起到了重要作用。

（二）设计方案管理阶段精心打磨

设计方案对项目前期的投资控制、过程的质量把控、后期的运行使用起着决定性因素。作为学校师生翘首以盼多年的重点项目，新图书馆设计不仅要体现农业特色、学校特色，更需要具有新时代图书馆的气息。学校首先确立了"好用、好看、低碳、前瞻"的建设指导思想，在设计管理中，更是坚持"以人为本"的设计理念。方案前期阶段面

中国农业大学新图书馆内部舒适的多元空间

向全国展开方案竞赛,开放师生展览和网络投票,充分征询广大师生意见;方案深化阶段由专业专家、师生代表、图书馆专家等多方参与、精打细磨,为后续"网红图书馆"的建设奠定了基础。

空间功能上,从传统图书馆以藏书为主向新型图书馆以开放借阅为主。最终设计方案以极富趣味性的开放空间引导着读者以慢速步行代替快速垂直交通,最大限度地增加人与人、人与书之间的接触,激发使用者创造力和想象力,打造出具有深厚文化底蕴的高校文化地标,对增强学生文化自信和建设校园文化有极大的帮助,获得师生一致好评。

该项目方案设计获得了2020年度上海市优秀工程勘察设计奖优秀建筑工程设计三等奖,2020年度上海市优秀工程勘察设计奖优秀建筑环境与能源应用设计专业二等奖,2020年度上海市优秀工程勘察设计奖优秀水系统工程设计专业一等奖等多项专业奖励。

2020年度上海市优秀工程勘察设计奖优秀建筑工程设计三等奖

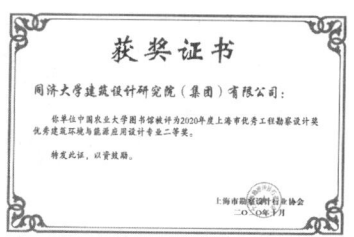
2020年度上海市优秀工程勘察设计奖优秀建筑环境与能源应用设计专业二等奖

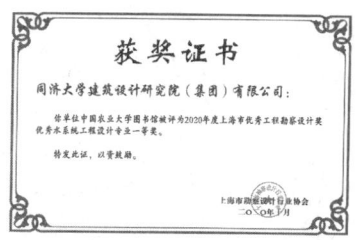
2020年度上海市优秀工程勘察设计奖优秀水系统工程设计专业一等奖

（三）施工管理阶段狠抓安全绿色

作为既有校园新建项目，新图书馆位于校园教学区和生活区交界处，紧邻学生宿舍楼、教学楼、体育馆、学校锅炉房和家属区住宅楼，建设用地周边地下管线众多，施工条件复杂。施工前的各类管线切改，施工过程中的安全管理、环境保护、降尘降噪、绿色施工等一系列问题，给项目建设增加了很大难度。因此在项目管理过程中必须要首先考虑项目周边环境的限制。

新图书馆项目场地周边的环境和交通流线复杂，因此要通过管理手段来确保施工现场绿色、安全施工，尽最大努力、采取多种措施降低项目施工给学校师生以及周边居民学习和生活带来的影响。

建设单位作为项目建设的总指挥和总协调，首先进行顶层设计，在项目开工之前，要求参建各单位建立健全项目的安全绿色保障体系和严格的管理制度，明确项目管理目标。实施过程中从重点部位重点控制入手，全方位、全过程实施施工生产控制，保证施工生产过程安全、有序、可靠进行。根据新图书馆项目实际，把项目安全管理的重点工作和重点控制内容划分成"现场用电、临边洞口防护、高处作业及吊装作业、消防保卫、体系运行监控"等16个分项，并明确每个分项的控制要点及责任人，责任压实到人，过程管理实行动态监督。

最终，新图书馆项目整个建设过程中做到了"零事故、零伤亡"，并通过了2018年北京市建筑业绿色施工示范工程验收评审，被评定为"北京市绿色建造暨绿色施工示范工程"。

工程施工现场安全管理控制要点及其负责人

序号	控制分项名称	分项控制要点	责任人
1	项目危害因素排查、评价、批准及措施制定、审批	组织危害因素排查，危害因素汇总，组织危害因素评价；措施制定	安全总监
2	落地脚手架及工具式脚手架	搭设方案制定、审批，地基，搭设，立面、水平防护，脚手板，防雷接地，拆除	技术负责人、安全员
3	安全网	采购、检验、支挂、维护、拆除	安全员、材料员
4	现场用电	施工组织设计制定、审批，实施及验收，漏电保护器检测，带电作业	临电员
5	临边、洞口支护	防护栏搭设，防护门设置，动态管理	安全员
6	高处作业及吊装作业	安全技术交底，特殊天气，防护设施，物料堆放，作业行为	安全员、机械员
7	垂直运输设备	安装方案编制、审批，基础验收，设备安装，防护设施，维修保养，防雷接地	机械员
8	机动车辆	检验检测、驾驶、维修保养	机械员
9	施工机具	采购、检测、使用及保养	机械员
10	安全帽、安全带、安全网和灭火器	采购、检验、发放、使用	安全员、材料员
11	施工生产作业行为	安全技术交底，日常检查和定期检查	安全员
12	消防保卫	消防设施设置、维护，出入管理，检查	消防保卫干事
13	建筑工人生活区	围挡；宿舍卫生和环境卫生；用电	消防保卫干事
14	办公区	绿化；环境及办公卫生；用电	消防保卫干事
15	体系运行监控	绩效考核；体系运行监控	安全总监
16	安全资料	填写真实、规范、及时；分类整理归档	安全总监

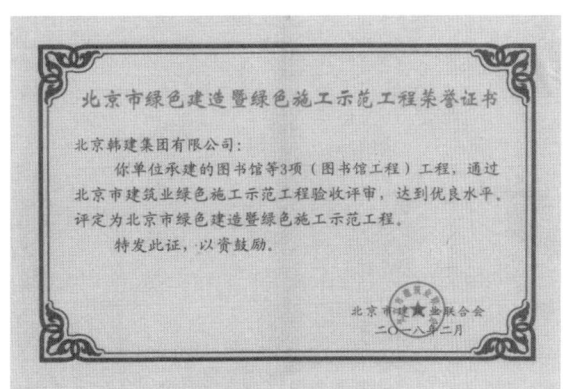

"北京市绿色建造暨绿色施工示范工程"荣誉证书

（四）建设管理阶段注重智能多元创新

图书馆建筑结构形式复杂，结构形式包括框架剪力墙结构、核心筒结构、钢结构、预应力结构并且局部为大跨度施工、中庭为高支模施工。项目分部分项工程多、暂估材料设备及专业工程多、专业交叉多，为施工质量控制、施工组织和项目管理增加了很大难度。面对复杂的结构形式、众多的分部分项和专业工程，BIM技术的应用为复杂的工程施工提供了有效的管理手段，对工程项目实现资源的优化控制、动态管理和虚拟模拟起到了很大帮助。

项目施工前，为了合理规划施工现场，减少建筑材料和模板等在施工过程中的倒运，优化临时建筑、临时用水用电的布置方案，利用BIM技术构建了场地设施布置模型，通过模拟现场布置过程来指导现场的实际布置，使施工现场的平面布置更加优化。

施工过程中，采用BIM技术进行工程模型构建，利用BIM模型的可模拟性，对施工技术方案、施工工序进行了模拟。通过碰撞检查功能，精确定位预留洞口、优化了综合管线的排布，减少工程返工，提高了材料、资金利用率，加快了施工进度，节约了成本。通过可视化交底，辅助建设单位进行决策以及提高施工质量、进度、造价和安全的管理水平。

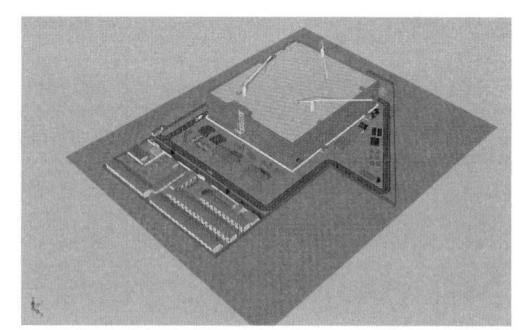

施工虚拟现场布置模型

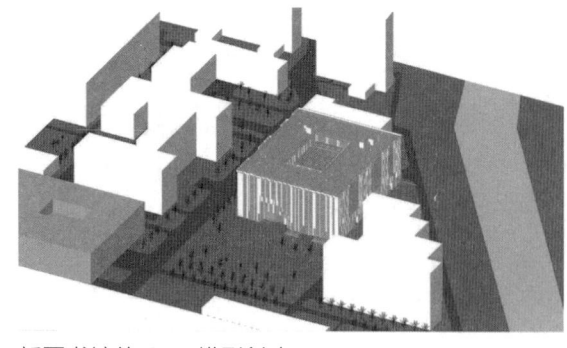

新图书馆的BIM模型创建

"结构长城杯金质奖工程"获奖证书及奖杯

以师生需求为导向 优化校园空间立体布局
——以华北电力大学体育中心项目为例

华北电力大学

随着时代的发展，传统建筑空间学的模式已经不能适应当前的设计理念，以师生需求为导向，不断优化校园立体布局，这是高密度城市增强校园建筑空间布局的一种有效方式。华北电力大学体育中心项目践行"向地上要空间，向地下要空间"的规划设计理念，确定设计内容及成效，并实施经验总结，为同类工程提供经验借鉴。

一、基本情况

华北电力大学位于北京市昌平区北农路2号，其体育中心则处于校园东北角，北临国际交流中心，南侧是13号学生宿舍，东侧现状为景观绿地，西侧为学生食堂。华北电力大学体育中心项目在校园空间有限的客观条件下，始终秉持"向地上要空间，向地下要空间"的理念进行整体规划设计。为了满足教师与学生的需求，体育中心包含了不同类型的体育项目空间，内设田径、足球、篮球、羽毛球、游泳等项目空间，同时还能接纳聚会、演出等各类活动。体育馆能满足各项目小型比赛的要求，功能齐备，也是师生实施健身的关键场所，同时还增强了整体的节能与环保效果。该体育中心处于高密度的城市地区，在设计过程中，体现了美观、科学、需求等的理念，同时以方便师生健身需求为导向，通过优化空间立体布局，加大了体育中心的容纳能力以及美观效果。

二、体育中心空间立体布局工作举措

1. 立体层次布局增强容纳性与集约性

由于学校用地紧张，为了进一步提高体育中心项目的容纳能力，项目规划时就提出"向地上要空间，向地下要空间"，以增强集约化立体性布局，不断挖掘土地价值。各个活动馆以集约的方式相互排列，大场馆与小场馆立体穿插，有疏有密，错落有致，增强了场馆空间的合理布局，并自然过渡到室外，体现了空间在层次上的集约性，立体化效果更为显著。

2. 整体布局体现复合性与功能性

华北电力大学体育中心项目在总体布局中注重各空间的紧密融合。通过对体育馆整体功能的定位以及布置区块用地紧张的分析，进一步思考了整体功能的复合性，以体

华北电力大学体育中心项目立体布局图

华北电力大学体育中心游泳馆、篮球馆、羽毛球馆的展示

现集约化立体布局。在 400 米的体育场标准范围内，实施层层叠加，最终整个尺度设计为南北长约 180 米，东西长约 120 米。

坡道处实施有效的景观美化。北侧、南侧、西侧三面构建内部道路，方便学生通过环线进入。同时项目的景观整体融入周边的环境，形成华北电力大学的一道新景观。内部以篮球馆、羽毛球馆、游泳馆三大馆作为支撑体系，并融合其他的小馆项目，凸显了人文需求的特点，也增强了该体育中心立体布局的多功能性。

3. 立体景观凸显美观性与流畅性

华北电力大学体育中心项目为了满足师生需求的景观空间要求，通过空间退让的设计模式来降低周边环境的景观所带来的压迫感。设计凸显强烈的引导性，室外景观运

空间的透明设计

用下沉庭院设计，通过对墙面、地面等的颜色选择，增强了立体景观的美观效果，使得学生或教师可以通过透明的外墙来感受室外景观的优美性；加强与室内场馆的串联，增强二者之间切换的流畅性，增强空间切换带来的舒适感。

三、体育中心空间立体布局突出成效

1. 彰显功能的立体化容纳要求

由于城市的高密度特征，城市中心学校的用地较为紧张，体育活动设施也存在不足，无法进行面积上的逐步扩展，华北电力大学体育中心项目也面临这样的情况。为应对水平空间的拓展不足，项目在整体高度上进行了有效的扩展与叠加，提升了空间的容纳能力。半地下体育场馆，在有限的用地面积内，拓展了体育活动场所的立体空间拓展，增强了体育中心的多功能使用效果。

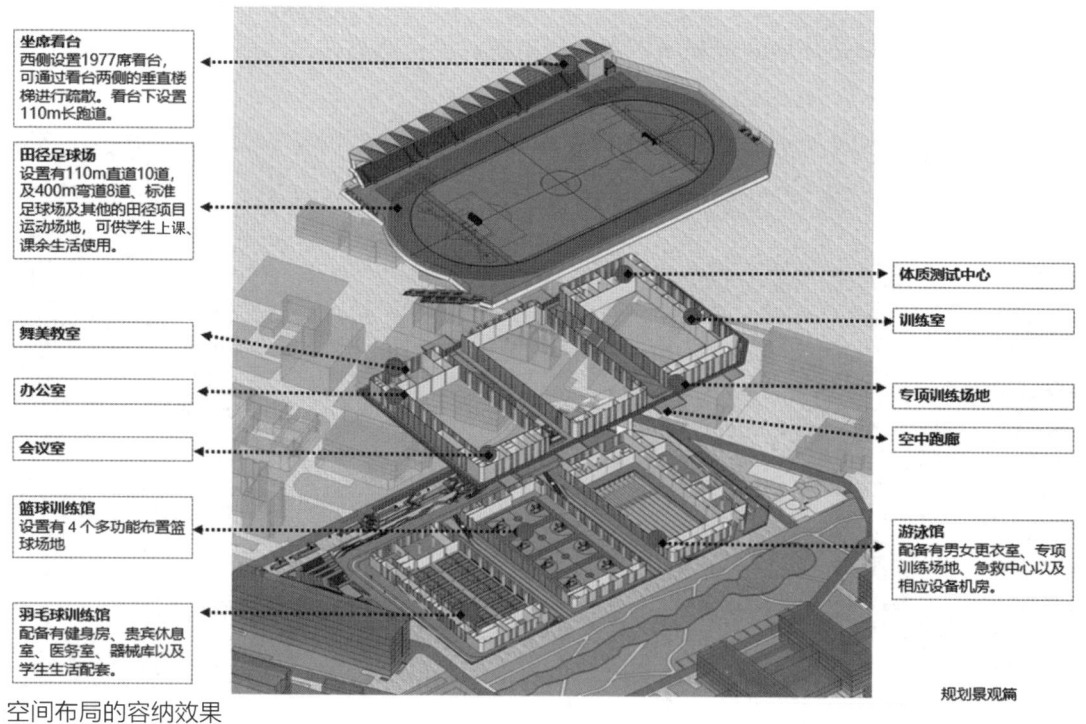

空间布局的容纳效果

2. 体现空间的融合布局

项目总体设计凸显了空间与庭院的相融合，在校园空间紧密的立体布局下，实现了多个建筑功能的有效延续。通过通透性的建筑设计，加强了景观内外部的融合，使东西两侧的校园景观实现了有效的延续，并由此延伸至外部景观入口，由广场向多个平面空间拓展，增强了整体性的人文生态景观之美，也满足了师生的人文景观要求。项目整体呈现了从容大气的品质，凸显了华北电力大学体育中心的品牌化校园建设理念。

3. 增强空间的延伸活力

项目增强了整体的复合空间科技延伸之美，以抽象与延展作为基础主调，通过上下叠加进行空间延伸，活动空间疏密有致，构建了上下贯通的流动性立体空间。空间的设计充满了朝气与活力，内部跌宕错落，排列有序，功能性较强，凸显流动性。

内外部融合的效果图

四、体育中心空间立体布局经验启示

华北电力大学体育中心项目在设计过程中始终以师生的需求为导向，用实践来印证"向地上要空间，向地下要空间"的规划设计理念，进一步凸显了校园的立体空间布局的功能性与层次性，打破了传统的单一性独立空间，运用立体化布局的层次化叠加思路，融合下沉式庭院设计内容，提升了整体的空间布局的美观性。由此我们得出的经验总结为如下两个方面。

第一，提升场馆的立体空间布局。通过场馆的整体拔高，层层设计，内含多个活动空间，打造了具有趣味性的多样化空间布局效果，整体上凸显了场馆设计的吸引力。场馆内部各功能体现弹性布局，灵活多样，可满足不同群体对于各类项目的空间需求，提升了场馆使用的效率。

第二，突出流畅的空间的立体布局效果。在集约化的布局思路下，增强了场馆中体育馆与运动馆的功能性融合。通过上下层叠加，场馆在现有的面积下提升了空间容纳能力。各个小馆内部环境舒适、安全。设计增强了软边界的休息与交往的功能，空间营造实现了硬边界活动场馆的空间串联。同时室内室外景观设计连接流畅，给人一种丰富、流畅的视觉感，增强了空间布局上的舒适感。

弘扬艰苦奋斗精神　践行初心使命担当 以人为本推进学生公寓建设

东北林业大学

多年来，在教育部的领导和大力支持下，东北林业大学始终坚持艰苦奋斗、生态报国，牢记"为党育人、为国育才"的初心使命，秉承"学参天地、德合自然"校训，弘扬"以林育人"特色文化，积极践行生态文明理念，大力推动东北振兴和建设美丽中国。学校紧紧围绕发展目标，统筹规划基本建设项目，提升校园文化和服务水平，努力为师生营造一流的工作、学习和生活环境，为加快建设中国特色社会主义教育强国不懈奋斗。

一、充分调研，科学论证，立足基本需求精准立项

根据规划，学校发展目标是稳定本科办学规模，大力发展研究生教育，优化学科专业结构，全面提升人才自主培养质量。但随着在校生数量的增加和研究生招生规模的持续扩大，对学生公寓数量质量的需求与基础设施资源短缺的矛盾日益突显。

良好的住宿条件是建设美丽和谐校园和保障教学科研顺利开展的基础，是提升服务质量和实现发展目标的重要前提和保证。学校经过充分调研和论证，提出改善学生住宿条件是亟待解决的最突出、最迫切的问题，也是精准解决制约学校发展和师生急盼的

问题。2023年4月，教育部规划司专家组开展基建管理实地调研时，也考察了学校的公寓现状，并建议学校要加快推进学生宿舍等基建项目的专项论证和申报工作。

学校原3号学生公寓建筑面积为8226平方米，有学生宿舍244间，可容纳1900余人，是在4层砖混结构的基础上增加两层并两侧各增加1个单元的6层改扩建公寓。该公寓拆除前已发生较严重的变形和裂缝，存在较大的安全风险。在充分考虑其他公寓床位空余数量和以走读的方式安置学生可行的情况下，经结构鉴定和学校认真研究，决定拆除重建。新建3号学生公寓建筑面积26246平方米，地上14层，地下1层，框架剪力墙结构，配备了淋浴间、开水间等生活必需的设施。新建学生宿舍461间，目前按照每间6人安排学生入住，可容纳2700人，有效地缓解了住宿紧张的状况，提升了住宿条件。

二、统筹推进，务实管理，公寓建设取得突出成效

（一）分权管理，防控风险，努力建设制度保障体系

学校依托项目建设并结合专项调研要求，认真梳理了基建管理制度和流程，提高管理效能的同时，加强廉政风险防控。依据教育部基本建设廉政风险防控手册，逐个风险点的排查与管控，形成了以《东北林业大学基本建设管理办法》《东北林业大学采购与招标管理办法》《东北林业大学合同管理办法》《东北林业大学基本建设财务管理办法》和《东北林业大学建设工程管理审计办法》等24项主要制度和7项工作流程的制度体系。学校监察、财务、审计、招标、基建等部门形成了完整的廉政风险防控责任体系，各部门各司其职，建立了部门间相互制约、分权管控、议事协调等工作联动机制，有效实施了制度体系保障。

（二）艰苦奋斗，克服困难，努力推动公寓建设

1. 精心设计，严格程序，充分发挥资金效益

在设计阶段充分论证，对容易忽视的工程节点和重点工程部位逐个核查和把控，在设计阶段就把设计细节和施工工艺落实到位。施工中也严格执行和贯彻落实，有效地

保证了施工进度和质量，在达到设计预期效果的同时，避免不可预见费用的发生，也充分发挥资金的效益。

2. 严格管理，控制变更，加强工程投资控制

学生公寓建设强调功能的保证和居住的舒适便利。学校注重项目设计管控，隐藏的设计问题和设计矛盾主要在BIM技术、设计审查和图纸会审等前期阶段解决，避免施工中的矛盾或冲突。严格控制和减少建造过程中的设计变更，较好地控制了项目投资，节省工程暂列金额约620万元，同时也没有因变更对工程进度造成不利影响，保证了学生按计划入住。

3. 注重细节，提升品质，注重校园文化建设

在项目设计中，强化学校的视觉识别系统色彩和文化符号的使用，统一设计风格的同时，也与学校的文化建设有机结合，校园建筑既统一风格，又不单调枯燥，形成东林的个性和特色。

4. 配套升级，功能保障，打造师生交流空间

学校坚持勤俭办学，量力而行，尽力而为。在资金十分紧张的情况下，有序推进基本办学条件改善，在配套工程设计时，充分进行调研和总结师生的需求，有针对性地设计一些交流的空间小品，加强校园文化与师生需求的有机融合与统一。精心谋划的校园公共开敞空间建设，形成了众多小而美、雅而秀的办学空间，为师生提供亲切宜人的交流空间。

三、思想引领，深入总结，精品工程升华经验启示

学校学生公寓建设的经验启示主要有以下三个方面：一是不断完善基建领域制度体系建设，强化制度保障作用。二是不断加强管理队伍的专业能力建设和管理水平提升，科学谋划与统筹推进设计与施工工作。三是把工程细节和重点工作与充分调研相融合，

通过清单方式细化分解并监督贯彻落实，以实现建造精品工程、更好地为师生服务的总目标。

鉴于东林地处祖国北疆，办学条件艰苦，办学成本高，建设周期长，学校将努力克服建设用地短缺、建设资金紧张的困难，逐步提升管理能力和精细化管理水平，争取更大的投资效益和社会效益，全力打造精品工程。

提前谋划抓推进　主动管理求实效
——厦门大学积极探索基建项目管理新举措

厦门大学

"十四五"规划以来，厦门大学持续推进"双一流"建设，不断提升办学条件保障，努力为师生提供良好的教学科研环境和生活条件。学校以建设"团结、奋进、高效、廉洁"的基建团队为宗旨，以"提前谋划、主动管理，牢牢把握建设主动权"的理念，积极探索基建项目管理新举措，多措并举提升管理质效，顺利建成翔安校区学生公寓五期、中部学生食堂等重要民生项目，获得师生的广泛认可，取得较好的成效。

一、基本情况

按照学校事业发展规划和"双一流"建设部署，学校持续推进校区优化工作，思明校区信息、电子等学院逐步搬至翔安校区。随着师生数量增加，该校区学生宿舍、食堂等配套生活设施出现不足。在教育部的大力支持下，学校启动翔安校区学生公寓五期、中部学生食堂项目建设。

学生公寓五期项目总建筑面积47470平方米，于2021年7月开工，分Ⅰ、Ⅱ两个标段，其中Ⅱ标段为保障新生入学需于2022年9月前建成。中部学生食堂总建筑面积12968平方米，于2021年12月开工，计划2023年4月校庆期间投入使用。两个项目均有时间要求，在生产、运输环境受限，南方梅雨季、台风季等不可抗力因素的影响下如何按期建成，建设效果达到师生期待，是学校基建团队要解决的课题。

二、工作举措

俗话说"谋定而后动，事半功倍"，良好的开端是成功的一半。两个项目的建设时间赶、任务重，学校高位谋划、主动管理，通过强有力的组织和实施，最终如期建成，做到了安全稳定、进度有序、质量可靠、投资可控，主要措施如下。

（一）重视策划工作，提前谋划抓推进

1. 统一思想，凝聚合力夯实建设基础

项目建设前，学校召集基建、资产、学生、后勤、保卫等相关部门，明确任务和目标，统一建设思想；项目实施前，基建处与使用单位召开专题会议，明确职责分工、管理流程和要求，捋顺管理机制，为前期设计和后续施工管理打好基础；开工建设前，对各参建单位组织交底，提出工期目标和建设要求。

2. 科学谋划，有效解决工期管控难题

按照"安全、质量、成本、进度"相协调的建设原则，采取积极措施解决进度受制影响。面对节后复工组织难等问题，学校提前策划春节不停工及整体赶工计划，并要求施工单位提前储备施工材料等。同时，学校强化风险管控，制定应急管理办法，成立应急施工队伍作为备用力量，应对施工组织不力、天气影响进度等不利情况。

3. 精心策划，精益求精提升建设品质

设计是工程建设的灵魂，学校坚持以"创新、协调、绿色、开放、共享"的新发展理念为指导，不断加强设计管理，聚焦项目品质提升。除满足使用需求、解决痛点问题外，学校主动加强对重点部位的设计与施工，如对宿舍公共区域、卫生间，餐厅用餐区、公共部位等进行深化设计等，并组织专业装修队伍进行施工，全力提升装修质量和效果，打造使用舒适、师生满意的品质空间。

（二）强化管控落实，主动管理求实效

1. 上下联动，切实发挥领导带头作用

学校高度重视民生项目建设，校领导牵头抓好项目前期、施工、验收等阶段的重点环节、重要事项，督促相关部门密切配合、各司其职，形成上下联动、共推共促的工作格局。项目管理中，协调制定春节不停工及整体赶工方案，定期深入现场办公，召开会议协调解决内外部问题。学校领导的重视和督促，及时解决了报批报建、施工和验收过程中的难点问题，也推动校内各部门有序配合，极大促进项目进展。

2. 转变思维，主动服务提升管理实效

建设过程既要管理更讲服务，建设目标的达成，关键是把握管理主动权，各项工作落实到位。基建管理团队主动转变思维，联合地勘、设计、监理、检测等单位变被动管理为主动服务：一是设计单位定期到工地现场办公，及时解决设计问题；二是监理单位加快报批报验、工程款审核等，提高管理效率；三是基建处每月组织在建项目调度会，协调解决存在问题，推动施工运转，有力保障项目进度。

3. 创新管理，党建引领推动重点工作

学校充分发挥党建引领作用，促进党建、业务深度融合。一是与使用单位开展共建，加强调研和交流，协调解决需求与设计、变更与施工的矛盾；二是与设计单位开展共建，取得设计共识，促进项目品质和质量提升；三是与消防验收部门开展共建，邀请其进行政策讲解、设计指导和施工把关，解决消防验收问题。通过与各单位开展党建活动，既提升基建队伍理论业务水平，也解决了项目重点、难点问题。

三、建设成效及经验启示

通过加强组织，提前谋划，充分调动各参建单位积极性、主动性，两个项目如期完工，建设效果良好，保障了师生使用，得到广大师生和校友的好评。项目均已完成竣工财务决算，投资控制有力，节省了投资并达到预期效果。总而言之，项目如期建成，统一思想是前提，精心策划是基础，抓住重点是核心，落实到位是关键。

学校基本建设的根本目标是保障师生的教学、科研和生活条件，其时效性和重要性不言而喻。基建工程的顺利开展有赖于学校上下的重视和广大师生的支持，更要求基建部门要牢牢把握项目建设主动权，主动策划和规范化管理，进一步提高管理质效，才能推动项目如期完成、建成精品工程，助推教学、科研效益产出，助力学校"双一流"建设和高质量发展。

高校基本建设效益保障机制
——以长安大学渭水校区 21 号学生公寓为例

长安大学

高校基本建设效益保障对实现学校资源价值，充分发挥基本建设服务师生作用，促进教育高质量发展具有重要意义。近年来，长安大学重视基本建设效益提升，逐渐建立了一套科学有效、操作性强的效益保障机制。

一、基本情况

采用"专业化团队＋需求方参与＋全过程跟踪"模式，组建专业管理团队，充分发挥需求方作用，实施全过程造价咨询和跟踪审计，建立了效益保障机制，做到术业有专攻、过程有把控、成效有监督，为建成功能完备、性能优异、师生满意的品质工程提供保障。现以长安大学渭水校区 21 号学生公寓项目（以下简称公寓项目）为例阐述该机制。

学生宿舍是在校大学生学习生活的重要场所，是落实立德树人根本任务、开展全员全过程全方位育人的重要阵地。学生宿舍品质事关学生享有公平而有质量的教育，事关学校办学能力提升，事关千万家庭教育获得感。为补齐学校学生宿舍短板，学校决定启动渭水校区 21 号学生公寓项目。该公寓项目可行性研究报告批复建筑面积 49192 平方米、总投资 29381 万元，建成宿舍 1090 间，其中四人间宿舍 1087 间、无障碍两人间宿舍 3 间，总计可容纳 4354 人。项目主要实施内容为智慧、共享、舒适的书院式学生宿舍，包括公共服务板块、宿舍生活板块、后勤服务板块。项目于 2021 年 4 月开工建设，拟于 2024 年进行固定资产价值建账。公寓项目应空间布局舒适、设施设备齐全、环境温馨恬静、景观意境清逸，有利于提升学生学习生活品质，实现环境育人，产生较好的建设效益。

二、工作举措

1. 构建健全的基本建设管理组织体系

学校构建各级分层集体监管体系。学校廉政、决策、议事、质监等管理机构齐全，纪委、基建、财务、采购、审计、法务、国资、档案等职能部门齐备，各司其职、各履其责、共管基建。同时，基建管理部门灵活用人、专业过硬。通过选拔培养在编人员、吸纳劳务派遣人才等多种方式打牢专业力量，土建、水、暖、电、造价等各专业中高级职称者占比 88%，硕士及以上学历人员占比 66%，已逐步建成一支专业覆盖全、高素质、业务强的基建管理队伍。

2. 公寓项目实行团队制管理模式

组建学生公寓项目管理团队，由基建处长统筹，主管副处长牵头，选调前期工作、土建专业、安装专业人员参与，负责项目从立项至资产价值入账全过程管理。通过全流程参与、深入讲解图纸、施工阶段驻场、挖掘优化创效点、专项工程单独招标等方式，确保项目定位精准、到位，实施内容全面、科学，设置功能齐备、人性，末端细节详备、舒适。

3. 需求方全过程参与实现"育人"功能

需求方深入参与项目全过程，确保在投资决策、可行性研究报告编制、设计阶段建设内容全面、功能布局合理、图纸设计详尽。在社区党建、环境卫生、心理健康、共享空间等方面开展整体建设，大力营造环境育人氛围，充分发挥学生宿舍育人阵地作用。同时，在地基与基础工程、主体工程、封顶及竣工验收阶段质量合格、图实一致、成效显著。

4. 实施全过程造价咨询和跟踪审计

委托第三方专业机构进行全过程造价咨询和跟踪审计，在投资决策论证、可行性研究报告编制、限额设计、招标限价、施工变更签证等阶段提供造价信息，为学校研判投资效益、确定实施方案、保障建设效益提供专业技术服务，确保项目资金使用合理、合规、合法，建设效益惠校利民、影响深远。

三、突出成效

1. 效益把控有抓手

一是专业管理团队业务精、节奏稳。全程参与、深入讲图，实现工程量清单低漏项；驻场管控，优化桩基、悬挑外架、模板、防火卷帘、外立面等数项方案，提高建设经济效益；样板先行，空调、家具、标牌等专项招标，确保用户端使用舒适、便捷、愉悦。二是需求方全程参与，实现精细化建设。立项阶段让需求方提供详细功能需求，设计阶段优化细节功能布局，施工阶段严把用户体验，先后对房间布局、功能分布、端口预埋和末端设备的精准化、人性化等提出合理化建议，避免功能不全、使用不适、观感不佳等不利情形发生。三是全过程造价咨询和跟踪审计单位提供专业咨询和审计监督服务"双保障"。在可行性研究、设计、招标阶段提供专业决策依据，在施工阶段随时核实现场情况、把控投资脉络，第一时间备齐真实、完整、清晰的造价资料，为细部方案研判、优化、决策提供依据，同时对强化廉政风险防控建设具有积极作用。

2. 效益体现有载体

学生公寓项目结合示范性园区建成书院式公寓，布局多元服务场景，加强空间共享和复合利用，配备了卫生间、洗衣房、热水间、BOT浴室等辅助生活用房，自习室、党团活动室、学业辅导室、谈心谈话室、公共健身区、社区生活服务房、阅览区/创咖等公共活动区，为学生创造了智能、便捷、开放、优雅的生活、学习、活动空间，实现"一站式"学生社区综合服务，满足居住和育人多种需求，充分发挥了书院式公寓在环境育人、服务育人、文化育人中的积极作用。

四、经验启示

1. 投入专业技术力量

专业是立业之本，基本建设效益保障应健全组织机制，重视专业技术人才引进及培养，组建专业技术团队，实施专业化管理，实现基本建设效益可估、可评、可落地。

2. 发挥需求方作用

需求方应全程参与项目建设，确保项目建设内容全面、招标列项齐全、过程变更寥寥、用户体验舒适、效益影响深远，提升学校环境育人水平，助力学校事业发展。

3. 全过程决策技术服务

委托全过程造价咨询和跟踪审计单位提供专业服务，通过源头把控、过程指导、程序监督、全面审计，科学进行投资决策、合理确定实施内容、切实发挥建设效益。

复杂环境条件下基建项目管理模式探索

同济大学

一、基建代表性工程案例概况

同济大学生命科学与创新创业大楼项目位于同济大学东校区，总建筑面积135858平方米（其中地下47960平方米），主要功能为教学办公科研用房及地下车库，项目建设内容包含两栋塔楼、配套房及地下车库等设施。

本工程地质和水文条件复杂，承压含水层对基坑施工影响大，且基坑围护边线距西侧邻近运营的地铁10号线双圆盾构隧道最近约27米，距东侧浅基础拱形大跨屋盖的设计创意学院最近10米，东、西两侧作为基坑施工环境保护重点对象，保护要求高。同时场地南侧是居民住宅，施工期间对周边居民生活会带来一定程度影响，要减少施工影响，及时协调和解决居民投诉，管理协调难度大。

本工程涉及基坑、高支模等超规模危大工程多，安全风险高。同时，涉及专业多，建筑结构复杂，对装饰观感要求高，项目质量目标要确保白玉兰奖，争创鲁班奖，因此对质量过程精细化管理提出了更高要求。

二、基建项目管理模式探索

（一）危大工程管理模式探索

1. 危大工程清单动态辨识与细化模式

准确辨识危大工程是控制安全风险的前提。本工程涉及危大工程类别和部位多，通过探索采用动态细化辨识清单的管理模式，动态掌握不同阶段危大工程类别和部位，有针对性地开展管控，为后续方案编制、审批、论证、验收等工作指明了方向。

准确动态辨识，提前梳理细化，通过应用取得了良好效果，工程实施期间未发生安全事故。

2. 四新技术应用设计+专家论证模式

本工程涉及四新技术应用比较多，实践中采用了设计+专家论证模式，通过技术、经济、安全综合评估辅助业主决策。如本工程基坑阶段原设计钢筋混凝土栈桥板体系，但总包方提出了应用具有安拆速度快、施工噪声小等优点的装配式钢栈桥替代传统混凝土栈桥的施工方案设想。在是否采纳决策前学校采取了设计复核验算+专家论证模式，通过多方面比较和论证，在投资不变、技术可行、安全可靠的基础上批准了方案局部应用，调整为装配式钢栈桥+混凝土栈桥组合模式，最终比原方案节省约20天工期。

3. 超规模危大工程专家论证+咨询制度

本工程存在基坑工程地质条件复杂、周边环境保护要求高等诸多难点。除从程序上按规定对基坑进行专家论证外，基于减压降水和回灌特点，在基坑方案送审基础上，针对高风险基坑降水方案专项组织了行业相关专家，对基坑降水专项方案实施专家咨询，并结合基坑论证方案、专家咨询意见，不断优化降水和回灌方案，确保了基坑降水作业期间措施可靠，基坑降水和回灌有针对性组织运行，有效保护了周边环境。

4. 超规模危大工程验收控制

加强事前控制，强化危大工程验收是管控风险的重要手段。本工程基坑工程开挖条件是重点控制环节，针对不同基坑的特点和难点，提前组织梳理开挖条件，在开挖前逐条比对检查，有效指导了后续开挖施工和验收，确保了进度和安全。开挖仅用58天，提前完成了约20万平方米开挖及约3万立方米底板混凝土浇筑任务，创造了上海市同体量深基坑最快施工纪录。

基坑施工结束，鉴于基坑周边环境预警值部分超过了设计值，专项组织结果验收，参建各方对基坑安全再评估，在评估基坑及周边环境安全可靠基础上，再实施后道工序。

（二）量精细化管理模式探索

1. PC 结构精细化管理

本工程地上部分采用装配整体式结构，预制构件数量多，连接节点复杂。针对 PC 结构管理，建立 PC 构件首件验收制度、首段 PC 梁板 PC 柱现场安装验收制度，在验收合格后组织施工。

2. BIM 在质量管理应用

本工程要求应用 BIM 技术，主要包括 BIM 模型检查与图纸优化、BIM 模型排布与效果检查、BIM 碰撞检查、BIM 竣工交付等。通过 BIM 技术的应用，总结了 BIM 技术在质量管理中辅助管理的应用价值。

3. 装饰样板精细化管理

基于工程质量创奖要求，对装饰细节和管理提出更高的要求，明确"方案先行，样板引路"的制度。提前梳理样板计划，编制样板策划、制作视觉效果样板、进行实体样板安装，经共同验收后大面积实施。通过装饰样板精细化管理，重点突出策划和制作管理，在项目实践中取得了预期效果。

（三）多单位协作协调管理模式

1. 校内多部门组织协调

学校基建项目以基建处为主，管理过程中与校内相关职能部门、不同用户组织协调工作量比较大。通过与各职能部门建立基建处牵头的定期沟通协调会议制度，及时听取意见和建议，确保基建项目依法、合规、有序推进。对于本工程建筑体量大，涉及用户单位多的特点，在设计和施工深化前期，提前加强与用户单位沟通，优化方案。本工程对于暂未明确使用功能区域，制定了预留房间交付标准，为后续用户入驻前预留未来装饰条件；对于明确用户区域，提前多轮次征求和参考用户使用需求辅助设计方案优化，提高方案实用性、合理性等。

2. 对校区既有建筑保护与协调

本工程北侧紧邻同济大学建筑设计研究院（基坑最近距离约 30 米）、东北侧紧邻设计创意学院（基坑最近距离约 10 米），在确保基建项目平稳推进的同时，也必须确保不能影响日常交通、办公与教学。通过建立定期走访制度，征询相关单位对工程建设的意见，力求将施工影响降至最低。对于设计创意学院距离基坑近，保护难度大，建立定期踏勘制度，以确保既有建筑结构安全。

3. 建立党建联盟，以科技创新促项目发展

开展"不忘初心、牢记使命"的党建联盟系列活动。通过参观红色基地、党史学习、主题教育、体育比赛等共建活动，有效地促进和激发了参建各方建设热情，充分发挥了党员先锋作用。

4. 与街道、居委沟通协调，构建和谐关系

本工程建设周期长，南侧紧邻居民区施工，施工过程不可能避免会对居民日常生活带来不同程度影响。如何确保与周边居民和睦相处是管理难点和痛点，若处置不当会造成不良社会影响。在项目建设过程中，通过与街道、居委党支部共建，发挥党组织在维稳工作的作用，同时通过街道、居委支部牵头，通过对小区困难居民送温暖、开展文体活动、邀请居民实地参观工程、邀请小区党员参与党建联盟活动等活动。另外，设立了专门校外接待点，安排专人值班，及时倾听、解决居民的合理诉求，至今未发生不良社会事件。

三、基建项目管理成效与体会

  生命科学与创新创业大楼项目在建设过程中克服了地质水文条件复杂、周边环境复杂、施工安全风险高、技术创新点多、质量目标要求高、组织协调难度大等诸多挑战，通过精心策划，充分发挥同济大学在复杂建筑工程设计、施工和管理等领域的专业优势，获得了较好的成果。本工程在施工过程中面临复杂的外部环境条件，采用各种创新的项目管理模式，攻克各类技术难关、管理难题，确保所有参建单位及时沟通，强化施工现场动态管理，提高了项目投资效益。

  本工程为类似项目提供了成功的经验，验证了复杂边界条件下基建项目管理模式使用的有效性。

聚焦复合材料协同创新大楼实践
探索高校实验室建设标准化之路

东华大学

为贯彻落实党的二十大精神和党中央关于调查研究的决策部署，充分发挥高校基本建设管理先进经验引领示范作用，现结合东华大学复合材料协同创新大楼建设经验，从规划设计、建设管理等方面积极探索适合高校实验室标准化建设的发展道路。

一、基本情况

为推动东华大学"双一流"学科建设和人才培养，全力服务国家和上海市战略需求，学校于2016年11月在松江校区开工建设复合材料协同创新中心大楼，2018年10月大楼通过竣工验收并投入使用。

大楼规划总建筑面积31930平方米，其中地上建筑面积29996平方米、地下建筑面积1934平方米；大楼地上6层，地下局部1层，建筑高度25.3米；建设内容包括物理实验室、化学实验室、专用实验室及配套科研用房，地下室设自行车库、设备用房等空间。

东华大学复合材料协同创新中心大楼

二、工作举措

为切实解决学校以往实验室建设中出现的规划设计与后期使用产生偏差、通用实验室的建设标准不够清晰统一等问题，同时为避免发生科研团队进驻后对实验室场所进行二次改造导致资源浪费的情形，基建处在本项目工程建设管理过程中结合学校实际，采取多种工作举措，努力探索高校实验室标准化建设。

（一）精准定位，服务大局

复合材料协同创新中心大楼规划建设初期，由基建处牵头，协同发展规划处、资产管理处开展了深入的调查研究工作，广泛听取了各学科实验室负责人对大楼实验室建设的意见、建议，并且反复论证，精准定位，形成实验室建设方案和建设目标。

（二）统筹制定实验室建设标准

为给学校未来学科建设留有一定的发展空间，同时也为实验室后续管理、调整带来便利，减少不必要的重复建设，在大楼建设规划中除已明确的专用实验室外，其余均按物理类和化学类通用实验室进行标准化建设。

1. 实验室空间布局标准化

根据学校学科专业特色统计，通用物理实验室与化学实验室面积分配比约为1：2。为利于实验室通风管道井设置，同时尽量减少风管井占地面积，在大楼低区（三层及以下）规划布置物理实验室，四至六层设置化学实验室，以提高实验室功能空间的使用率。

2. 实验室设计参数标准化

结合学校工程建设经验以及实验室使用部门需求，统筹制定实验室使用面积、结构荷载、电力、通风、给排水等建设设计标准，为后续学校实验室的规划建设提供可借鉴、可复制、可推广的工程设计经验。

3. 实验室配套设施标准化

通用实验室内部设置紧急冲淋洗眼器、无线网络、门禁、空调、风扇等相关设施，形成学校实验室配套设施建设标准。

（三）科学规划，合理布局

复合材料协同创新中心大楼的建设规划经过精心设计和多次论证，确保了各功能区域布局合理、功能完善。地上6层主要用于物理、化学和专用实验室的建设，地下室则规划为自行车库和设备用房等，以满足日常使用需求。

（四）严格管理，确保质量

大楼在施工过程中，实施严格的项目管理制度，确保工程质量、安全和进度。同时，加强对建筑材料和设备的监管，保障大楼的建设品质。

三、突出成效

复合材料协同创新中心大楼自建成投入使用以来,积极服务国家和上海市重大战略需求,已成为学校科研和实验教学的重要基地。

1. 建设成果显著

复合材料协同创新中心大楼依托先进的实验设备和完善的实验配套设施,为师生提供了良好的科研和实验环境。在这里诞生的一系列重要的科研成果,广泛应用于航天航空、重大建筑工程、环境保护等领域,为"天宫""天舟""北斗""天通""嫦娥"等项目作出了贡献。

2. 人才培养质量提升

大楼实验室标准化建设为学生提供了良好的科研实践平台,吸引了大量的优秀学生加入和共享共建。同时通过校企合作,学生有机会参与实际项目,进一步提升了其实践能力和创新精神。

3. 产学研合作深入

复合材料协同创新中心大楼实验室建设促进了产学研的深入融合。企业得到了高校科研和高端人才支持,高校也获得企业的资金支持和市场反馈,实现了互利共赢。

四、经验启示

复合材料协同创新中心大楼的建设实践为高校实验室标准化建设提供了宝贵的经验,该项目精准的定位连同可操作性实验室建设标准等多项工作举措,能较好地发挥先进经验示范引领作用。

1. 坚持需求导向

在高校实验室标准化建设过程中，应始终坚持以国家和地方战略需求为导向，服务学校科研发展方向，确保项目建设的针对性和实用性。

2. 强化规划引领

合理的规划是高校实验室标准化建设成功的前提，通过精心规划和布局，确保实验室的功能完善、使用便捷。

3. 坚持高标准建设

高校实验室建设应坚持高标准、高质量的原则，在项目实施过程中，应严格控制工程质量，确保项目高品质建设。

4. 强化产学研合作

高校实验室建设应加强与企业、研究机构的合作，实现资源共享、优势互补，共同推动科研成果的转化和应用。

创新管理模式 助力科技攻关
——山东大学新一代半导体研发中心项目建设启示

山东大学

一、基本情况

山东大学聚焦国家在第三代半导体材料领域的重大战略急需，决心为国家解决"卡脖子"关键核心技术，积极谋划成立新一代半导体材料集成攻关大平台，并获批成为教育部首批6个集成攻关大平台之一。为解决攻关大平台急需的科研空间，助力人才团队的引育，学校投资建设新一代半导体研发中心项目。该项目建筑面积11964.57平方米，地上4层，为装配式钢框架结构，二星级绿色建筑。主要功能为科研实验教学，设有千级、百级洁净区。项目于2020年5月11日开工，2021年6月21日竣工，8月31日完成规划核实和消防联合验收，10月12日投入使用。

近些年来，高校建设项目的专业性、复杂性、针对性越来越强，个性化、差异化、现代化要求更加凸显，与传统建筑有极大的区别。为应对新变化、满足新需求，建设用户满意工程，助力科技攻关，山东大学进行基建管理的创新探索，采取直面用户、精准服务的方式，在新一代半导体研发中心项目建设中，邀请用户参与建设关键环节，积极发挥建设性作用，取得了良好的成效。

二、工作举措

1. 用户组建团队对接项目建设

集成攻关大平台组建专门团队，负责调研项目功能布局，了解科研团队的准确需求，汇总实验设备安装要求，参与项目建设关键环节，保障了项目规划建设满足使用要求。

2. 用户全程参与项目规划立项和功能论证

在项目规划立项阶段，学校基建部与用户密切配合，以满足平台建设要求和科研使用需求为目标，采取实地考察、专业咨询等方式，在空间布局、实验条件等方面反复论证后确定建设方案。

3. 采取设计总包模式，用户参与并审核设计

新一代半导体材料集成攻关大平台进行新一代宽禁带、超宽禁带半导体单晶材料的科学研究，对实验空间和配套条件有极高的专业性要求，除需要建设洁净区外，工艺系统和设备也非常复杂，包括工艺循环冷却水、酸碱有机排风等十几套专业系统。

为确保设计质量和深度，采取设计总包模式，洁净区、工艺系统等达到二次优化设计深度；设计团队与大平台科研团队针对层高、工艺需求、设备选型等逐一对接，准确了解需求；用户审核设计图纸，并邀请专家参与审核。

4. 用户参与施工管理，根据需求及时调整设计

用户代表参与施工管理，参加图纸会审、变更论证、工程例会、材料设备选型及验收等。根据人才引育、科研团队组建情况和施工中发现的问题，及时提出调整意见，确保满足使用要求。

5. 加强与政府协同，积极配合大平台建设需要

学校加强与政府的沟通，得到了建设主管部门和辖区政府的大力支持。质监部门提前介入工程质量安全监督工作，工程提前开工建设；三、四层提前分段验收，并进行

家具搬迁和实验设备安装；允许一、二层提前进行实验设备的安装调试，为大平台进行实验设备调试验收创造良好条件，避免实验设备仓库存放产生仓储费用。配合大型实验设备进楼运输，避免了建成后设备进楼造成破坏；及时调整相关管道设备布局，满足实验设备安装要求。

6. 学校高度重视，部门密切协同

学校把该项目建设列为重点工程，书记、校长、分管副校长亲自抓。学校相关部门密切协同，及时完成搬迁、原有建筑拆除、高压线移位等工作，有力地推动了工程建设进度。

三、突出成效

1. 项目尽快投入使用

通过各项措施，极大地缩短了实验设备、家具搬迁的时间。项目于2021年8月31日完成规划核实和消防联合验收，完成人员和办公用品的搬迁，10月12日即全面投入使用。

2. 项目满足用户需求

通过用户参与关键环节管理，并根据需求及时调整设计。该项目投入使用后，基本满足用户需求，科研团队能第一时间入驻并开展工作，避免了常见的建成就改造现象，确保了投资效益。

3. 推动了集成攻关大平台建设

半导体研发中心落成后，攻关大平台研发和中试空间得到充分改善，搭建起新型产业技术实验室，打通了"单晶生长—衬底加工—器件制备—应用示范"完整研发链。目前，大平台在单晶材料技术、半导体激光技术、功率芯片研发等新一代半导体材料领域，取得一批重大原创成果，在"卡脖子"关键核心技术方面取得重要突破，成为高校

"有组织科研"的典范。同时面向国家战略及核心产业发展急需，牵头承担战略科技任务，为国内半导体核心企业提供关键材料与器件支撑。

4. 用户全程参与有利于后期运营管理

用户参与项目建设，熟悉项目设计、施工情况，了解各种工艺系统和设备，既能尽快投产运营，也有利于后期运维。

四、经验启示

高校的建设项目越来越专业和复杂，基本建设管理要适应这一趋势，确保建设满足需求，实现精准服务；要坚持问题导向、目标导向，重视规划设计，提高用户参与建设管理程度，加强全流程跟踪，全过程管理。

高校基本建设管理要适应新发展理念的要求，提高创新意识，在制度、流程、措施等方面不断进行管理创新。

要加强与政府的沟通，针对不同项目，采取针对性的措施，有利于加快建设进度，提高投资效益。

坚持科学规划引领推动项目高质量建设
——以化工材料科技创新平台项目为例

天津大学

一、项目背景

高等学校是国家创新体系的重要组成部分，其科技创新能力不仅关系到国家总体的科技创新能力的提升，也是提高高校办学实力、学术水平和竞争能力的根本保证。要发挥高校在国家创新体系中的重要作用，鼓励高校在知识创新、技术创新、国防科技创新和区域创新中作出贡献，推进产学研用结合，加快科技成果转化从而增强社会服务能力，提升科学研究水平。

基于以上考虑，经天津大学党委常委会研究决定，启动化工材料科技创新平台项目建设。该项目建筑面积5.2万平方米，地上5层，地下1层，最大高度24米，最大单体跨度12米，基坑深度8.1米。该项目位于北洋园校区的东北角，东与青年教师公寓相邻，西与学生宿舍相邻，南与化工材料教学组团相邻。项目于2018年12月开工建设，2022年5月竣工验收，项目投资约3.15亿元。

该项目的主要功能是材料学院、数学学院、未来技术学院储能平台的科学实验用房，还有大仪器科学实验室，旨在为北洋园校区提供良好的科研场所，为优势学科搭建高水平科研平台，创造更加优越的办学环境。

天津大学北洋园校区化工材料科技创新平台项目效果图

二、工作举措

（一）科学规划，因地制宜，坚持高标准设计

1. 科学规划

新校区的规划理念可以概括为"一个中心，三个融合"，即以学生成长为中心，实现学科的聚集与融合，实现教学与科研的融合，实现教师的教和学生的学融合。这不是一句口号，它渗透在设计的每一处细节之中。化工材料科技创新平台的组建，为师生提供了更加优越的科研环境，有利于培养学生的科研兴趣和素养，促进内涵发展，以适应国家对拔尖创新人才培养的需要。同时，该项目选址紧邻化工材料教学组团，以平台共享的大型仪器为纽带，有利于将各个学科的有生科研力量集聚，进一步促进各学科的交叉融合，为新生学科的诞生以及重大项目的协作奠定基础。

2. 因地制宜

将材料学院办公地点搬至项目处，与实验室相邻，提高了材料学科整体实力，对促进基础研究成果转化具有重要的意义。由于化工材料实验室较多，排出的有害气体会对其周边建筑造成环境污染，为此需对实验室排出气体进行处理。将这些实验室集中在一起，能够相对集中地处理废弃物，不仅提高了处理效率，还降低了能耗。

3. 高标准设计

在项目建设伊始，学校组织学科带头人和设计单位赴新加坡国立大学、澳大利亚昆士兰大学考察调研，对标国际高水平学科建设，致力于打造国际一流、国内顶尖的学科平台。在设计工作中强调"以功能为导向，重视需求对接"的工作方向。在项目立项之初的方案、初设阶段，就与各学院及设计单位开展座谈交流，建立长期有效顺畅对接机制，对项目任务书与立项内容契合度，对设计基础资料细节进行整体把控；结合项目管理经验，及时提出任务书中的漏项、错项及深度不够的内容并组织用户单位与设计单位沟通完善；严格控制在招标后由于需求不明、理解歧义导致的变更，做到每一个细节、每一个环节都沟通到位，全力保障项目的高标准设计。

（二）精心组织，攻坚克难，坚持高质量建设

1. 智慧管理，高效推进

该项目现场采用最前沿智慧化工地管理理念，引入云筑智慧工地管理平台，将场布、进度、材料、设备、质量、安全、环境等多项管理要素集中在同一平台中展示，实现集约化管理。认真落实安全生产责任制，增强参建各方工作责任感，严抓工程质量和安全管理。每周至少召开一次工程例会，施工、监理、设计、审计、管理各方就工程质量、工程进度以及工程实施中出现的各类问题提出解决方案并按权限上报。以专题会议的形式，组织技术交底、图纸会审；对工程高、深、大等专项问题及新工艺、新材料及时组织专家论证。充分发挥监理单位专业优势，加强旁站监督，高质量推进项目建设。

2. 聚力协同，攻坚克难

项目建设过程中，与设计、施工、监理单位不断优化设计方案、强化质量意识、提升管理水平，攻克施工中的各个难点。该项目大型仪器设备区设有透射电镜试验室、核磁设备房等，因此为满足电磁屏蔽的要求，重点从材料选型及施工管理两方面进行质量控制。通过选取不同骨料、配合比的材料，组合制作成十余种轻集料混凝土试块进行密度测定及抗压试验，选取最优配合比作为施工材料，同时采用分层法施工，保证混凝土密实度及强度。在大型设备区中部顶板设有采光玻璃天窗，净口尺寸达8平方米以上，经与设计、施工、监理及使用单位充分沟通，最终采用了一种吊装进行开启的方式，满足该大型天窗整体开启的要求，同时经过细部节点深化及处理，防水、保温效果良好。

（三）传承创新，文脉延续，发挥育人使命

新校区在建筑风格上传承了老校区经典建筑群朴实厚重的文化气质，暗红色的砖砌墙也成为标志性的建筑元素。在该项目建设过程中，建筑用色用材厚重，表现出校园工科严谨厚重的氛围，与其他周边建筑协调，充分呼应原建筑和周边学生宿舍的外檐色彩，对比互补，沉静稳重，与校园建筑风格一脉相承，于细微处彰显天大气质。

三、经验启示

要以学生为中心，聚焦现代使用需求，科学规划，促进教与学融合、学科融合，为人才培养和教学科研创造新的硬件支撑。

智能化管理在项目建设过程中的应用可以提高项目的管理效率，改善工程质量，提高项目经济效益。

注重文化传承，单体设计充分考虑整体造型与局部细节的有机统一性，以及构成的逻辑性，根据校园建筑的特征进行建筑造型设计。

创新举措　加强基本建设管理

中央戏剧学院

随着近年来我国高等教育的不断发展,学校的建设规模逐渐得到了扩大,高校的基本建设项目也随之增加。高校基本建设项目数目的增加、项目性质的复杂和建设项目资金的增多给基本建设的管理带来了挑战。而基本建设为高校教育、科研提供了必不可少的"硬件"基础,因此基本建设管理水平的高低至关重要,它决定了高校能否健康、可持续发展。为了实现对高校基建的有效监督,各地高校越来越注重基建项目的内部控制。

如何进一步完善高校基建工程管理内部控制制度,预防高校基建工程领域的风险,提高基建工程的管理水平,促进高校又快又好发展,目前仍是亟待解决的课题。本文以中央戏剧学院舞美制作实验工坊工程为例,探讨该项目中内部控制的具体措施和方法,以期为其他高校基建项目提供参考。

一、项目基本情况

舞美制作实验工坊位于中央戏剧学院昌平校区,总建筑面积8917平方米,地下结构形式为钢筋混凝土,地上结构形式为钢结构,地上4层,地下2层,建筑高度18米。该项目是集教学、科研、实践为一体的综合类建筑,其建筑内部设置布景结构工作室、布景造型工作室、道具制作室、服装制作室、化装工作室、教学工作室、项目实验室等

中央戏剧学院舞美制作实验工坊

功能房间。该项目于 2020 年 6 月正式开工，2020 年 9 月获得绿色建筑三星设计标识，2021 年 11 月主体通过五方验收。

二、项目实施创新举措

1. 抓好建章立制，完善内控建设

围绕项目全过程、全方位、全覆盖强化财务、审计、基建等制度建设，制定《中央戏剧学院基本建设财务管理办法》《中央戏剧学院改善基本办学条件专项资金管理办法》等财务制度，制定《中央戏剧学院基本建设工程全过程审计实施办法》《中央戏剧学院基本建设工程竣工财务决算审计实施办法》《中央戏剧学院基建修缮项目结算审计实施办法》《中央戏剧学院财务预算执行和决算审计实施办法》等审计制度，制定《中央戏剧学院基本建设管理办法》等系列基建管理制度，不断加强内部控制建设，形成廉政风险防控制度体系，以达到控制风险的目的。

2. 建立责任体系，明确责任归属

从项目最初阶段签订相关责任书开始，让工程项目勘察设计、图纸审核、工程量清单和招标控制价、招标采购、合同管理、变更洽商控制、计划管理、支付管理、阶段验收、竣工验收、结算审计、决算审计、资产交付等各个环节的相关人员清楚自己的责任与义务。建立"分事行权、分岗设权、分级授权"的层次性岗位责任体系制，明确岗位职责。在项目相关决策的各个环节都要形成相关的会议记录，对各项决策留下相应记录，强化"痕迹记载"概念，从而更好明确相应的权力运行过程，最终明确做到"谁主管，谁负责；谁负责，谁签字"。

3. 贯通造价管理，强化计划统筹

严格管理施工图设计和审核施工图概预算。一方面按要求交付施工图设计图纸，对图纸进行仔细研究，提高设计质量，尽可能减少因施工图设计带来的风险；另一方面，组织专业人员或委托有资质的机构对概预算的编制依据、内容、工程量等的真实性、准确性及完整性进行审查，尽可能使其科学合理。同时，完善设计变更管理制度。的确需要变更设计的，要编制调整概预算报告，并按程序报批。

4. 加强流程管理，细化过程控制

在清单和控制价编制阶段，要求造价咨询单位独立编制；明确造价咨询工作及成果要求，按国家和行业规范要求和合同约定完成工程量清单、招标控制价、工程量计算底稿等文件，组织现场踏勘和图纸答疑，减少清单重大漏项；进行三级审核，杜绝错误；超信息价材料、设备附三家以上市场询价及说明，综合单价组价合规；符合施工图图形算量和相关建设工程量清单计价规范。对图纸详细审核和答疑，避免工程量清单无法描述和计量现象，未采用图集号节点描述工程量清单中的项目特征，清单子目对应位置在特征描述中要描述清楚。

5. 完善变更程序，落实管控职责

设计变更、工程洽商签证发生前，由变更洽商提出方负责发出相应文件（图纸、估算），说明理由及分析对工期、投资、质量等的影响。经现场施工单位项目负责人讨论并签署书面意见后，报基本建设处项目管理科负责人。基本建设处项目管理科负责人收到提交的变更洽商文件后，填写变更洽商流转单，提出初步审核意见。投资计划负责人对变更洽商引起的工程造价增加费用进行核定，同时做好台账记录。基本建设处项目负责人对项目管理科负责人和投资计划负责人所提交材料的完整性、必要性、合理性、可行性等进行审核，评估技术分析、投资控制、进度影响后，提出明确意见后报基本建设处部门负责人。基本建设处部门负责人综合各方意见，做出直接审批、报处务会讨论或作为重大事项提请分管院领导审批等决定，并在完成规定动作后完成变更实施。

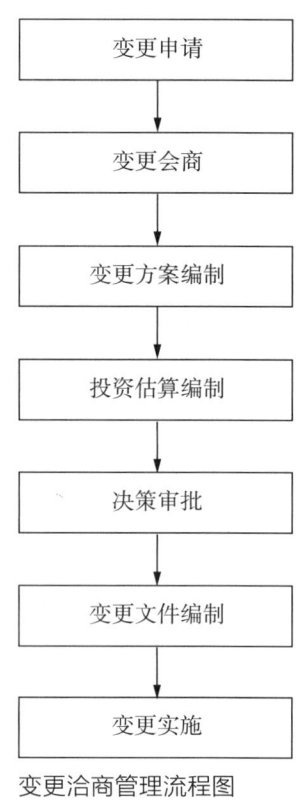

变更洽商管理流程图

6. 加强机制建设，建立预警机制

专人负责计划管理工作，严格控制投资计划，各工程阶段及时做到预警和提示。专人负责合同支付和结算审计工作，与财务处和审计处对接做好财务竣工决算工作。投资控制归口管理，动态实时监控项目总投资情况，阶段性加强投资控制，强化审计思维，及时多部门联合研判和调整，杜绝调整概算情况的发生。

7. 构建沟通体系，充分民主协商

加强项目信息沟通，创建一个和谐的交流平台。例如在部门周例会上不再是领导一个人的发言，而是参会人员各抒己见，将问题及时地反映出来，然后充分讨论，找到解决的办法。另外，这种会议的内容都要形成会议纪要，以便会后查看，也可成为今后遵守的一个标杆及完成程度的依据。

三、项目实施成效分析

1. 经济效益可观

通过加强全过程内部控制管理,该项目取得了显著的经济效益。如在设计阶段,优化结构设计,经专家论证决定取消抗浮锚杆设计,节省了建设投资约 200 万元。以投资估算 8525 万元为基数,节约率达到 2.4%,经济效益可观。

2. 社会效益显著

在社会效益方面,通过加强全过程内部控制管理,为项目建设构筑严密的"腐败免疫防线",将过往总结式的"秋后算账"转化为"防微杜渐",有利于形成源头防腐的模式。

3. 管理效益提升

在管理效益方面,一是把控了项目的施工质量。二是把控了项目的进度和工期。三是加强了现场管理。四是促推了建设项目管理方式创新。同时,也增强了监理单位责任意识和与参建各方的联系。

四、总结与启示

内部控制在高校基本建设项目管理中发挥着越来越重要的作用。经过岗位细分、制度细化完善,在项目管理的整体过程中,做到了工作合理有序、各岗位沟通顺畅、关键节点步步留痕。既较好地控制了基建项目的风险点位,又为将来的追溯查询提供了完备的过程资料,在各个风险点位上各岗位互相监督,规避了风险隐患。此外,完善的内部控制体系,不仅全方位全过程加强了对基本建设工程的跟踪管理工作,还确保了学院在基本建设方面的投资达到收益最大化,为学院的教学、科研工作提供了有力的支撑,推动了学院的可持续发展。

"三个一流"导航
医学院综合楼项目拔蕊怒放

华南理工大学

2014年9月,华南理工大学和广东省人民医院(广东省医学科学院)强强联合,共同组建华南理工大学医学院。医学院高起点建设,已建成"学士、硕士、博士"完整的人才培养体系,临床医学2017年即进入ESI全球排名前1%,走出了一条"有特色、研究型、国际化"的建设创新之路,形成了独特的"医工结合"模式。伴随医学院学科快速发展,科研场地不足成为制约发展的瓶颈,建设医学院综合楼作用凸显。

一、项目基本情况

医学院综合楼位于广州市番禺区小谷围街外环东路382号华南理工大学大学城校区,由广州市重点公共建设项目管理中心(以下称建管单位)进行建设管理,施工单位是中国建筑第四工程局有限公司。项目总建筑面积3.9万平方米,总投资2.48亿元,主要为实验室和科研用房。结构类型为框架剪力墙结构,主体建筑高度48米,地上12层,地下2层,其中在11层位置设置一条钢结构连廊。

华南理工大学医学院综合楼效果图

二、项目的亮点和难点

1. 模式新，学校首个政府建管项目

为加强项目管理，提高工程质量，更有效管控廉政风险，学校向广州市政府发函请求支持，将五山校区和大学城校区一批重点项目交由政府部门建设管理，医学院综合楼是学校首个政府建管项目，学校主要负责前期规划报建手续，建管单位主要负责施工管理，过程中双方优势互补、互相协调、紧密配合，发挥出了"1+1 > 2"的作用。

2. 要求高，既要省"优质工程奖"，又要"安全生产文明示范工地"

为支撑学校"双一流"建设和高质量发展，优化科学研究、学科建设和人才培养的硬件条件，打造"百年工程"，项目从开始便以省"优质工程奖""安全文明生产示范工地"等为标准，利用 BIM 系统建模和管理，引入进度重量管理法管理进度。现场坚持"样板引路"，分部分项工程举牌拍照验收等手段进行全面细致质量管控，最终以过硬的质量获得省、市级奖项近 10 项。

华南理工大学医学院综合楼空中连廊实景图

3. 工艺巧，空中连廊设计新

项目建筑造型简约，为了连接建筑 U 形开口之间的空间，在高达 42 米的第 11 层，设计有一条长 25 米，宽 10 米的钢结构空中连廊。现场克服高空作业所带来的挑战，用计算机模拟辅助精确指导连廊安装，最终呈现的连廊与两端建筑主体之间连接自然，造型美观，充分展现了项目在实施大跨度、超高建筑钢结构方面的施工技术水平和综合作业实力。

三、工作举措

（一）以"一流队伍建设"为目标，抓好关键岗位人员

1. 组建优秀的内部管理团队

基建处构建"土建＋机电＋合同"的工作模式，按照老中青结合原则，遴选敢于较真碰硬、作风正派的干部团队代表学校驻场参与管理。同时，基建处组织开展各在建项目之间的不定期项目巡检、交流和学习活动，互相监督、学习，共同进步、提高。

2. 敢于对服务单位管理团队"亮剑"

通常情况下，服务单位在应标时，其管理团队往往已经确定，业主只能被动接受，很难主动改变。医学院综合楼项目在实施前期，发现施工单位执行经理及监理单位部分监理人员履责不到位，缺少现场管理经验。在与建管单位协商一致后，依据合同约谈两个单位负责人，坚决撤换了施工单位执行经理和监理单位的 2 名监理人员，为后续的管理工作奠定坚实的基础。

（二）以"一流管理水平"为目标，联合多部门形成合力

1. 建立部处长联席会机制，快速解决"疑难杂症"

与建管单位商定建立部处长联席会议机制，定期不定期召开联席会议共 16 次，由双方部处长共同主持，以快速解决问题为导向，做到统一思想，步调一致，严管设计、施工和监理单位。

2. 实施全过程监管模式，以规范化的制度保驾护航各项管理工作

建管单位主要关注投资、进度、制度和流程，学校主要关注质量和安全，各司其职，通力配合。遇到问题时用制度解决问题，避免人的主观性影响问题的客观化处理。

3. 制定高标准管理导向，主动引导政府监管力量严管项目

项目建设过程中，在政府质监、安监部门既定的监管流程基础上主动要求加大加密监管力度，邀请质监、安监站长到场开展过程指导，引导政府压力督促施工单位管理质量和安全，使施工单位明确以省样板工地为目标进行施工。

（三）以"一流建设质量"为目标，落实严格的质量管控措施

1. 以省级奖项为目标

夺奖既是目标又是过程。在施工招标时学校提出该项目施工必须以获得省、市优质结构奖和施工安全文明奖等奖项为目标。高标准的获奖要求，即对施工管理提出了严要求，倒逼出工程的高质量。

2. 严把材料进场关

甲方现场代表到施工现场，对材料和设备的参数、规格等，按照招标要求严格把控。不放过每一个细节，对于不符合招标清单和设计图纸的材料，零容忍要求退场。

3. 坚持"样板引路"

严格采用样板引路形式确保规范化的质量体系并执行到位。在项目每道工序大面积施工前，将每道工序按照施工图纸、施工规范及相关施工工艺标准的要求，进行小范围施工，经建设、建管、监理、施工等单位联合验收合格后，作为后续大面积施工的范本，以此范本作为模型和验收的控制标准，确保了工程质量，避免了各种质量通病。

四、突出成效

项目全过程管理成效明显，既管住了投资、控制了进度，又提高了工程质量、保证了工程安全。

1. 管住投资

本项目可研总投资2.48亿元，结算金额约2.3亿元（暂估），预计可节省约2千万元。

2. 控制进度和管控安全

项目于2019年7月动工，项目各参建单位、全体管理人员和参建人员克服多方面的困难，精益求精，优化施工组织方案，各工序穿插实施，最终于2021年8月顺利如期完成竣工验收。

3. 管控工程质量

项目高质量完成，获得省、市级多个奖项：2020年获得"广东省房屋市政工程安全生产文明施工示范工地"、"广东省建设工程项目施工安全生产标准化工地"称号；

广东省建设工程优质结构奖证书

2021年获得"广东省建设工程优质结构奖"、"广州市建设工程安全文明绿色施工样板工地"称号；2022年获得"广州市建设工程优质结构奖""广州市建设工程质量五羊杯奖"；2023年获得"广东省建设工程优质奖""广东省建设工程金匠奖"，并入选广州市精品工程（房屋建筑工程）项目库。

五、经验启示

1. 建好队伍，选对人、用好人、培养人

人是基本建设的基础因素，医学院综合楼项目取得良好的效果，得益于各参建人员业务精湛、齐心协力。加强基建人才培养和储备是做好基本建设工作的重要基础工作。项目管理过程中不断加强基建管理干部队伍思想政治素养、专业化能力建设，加大培训力度，使之迅速适应高质量发展形势下高校基本建设的要求。

2. 抓好管理，科学系统且可复制

凭借委托政府部门建设管理的特殊优势，与建管单位高效沟通，形成合力，在确保项目进度和投资可控的基础上，以科学化、专业化的手段管控质量，能够更有效地管控项目实施过程中的各种风险。

3. 管好质量，踏实建设百年工程

建筑唯有凭借扎实的质量，方能经受得起百年之考验。以获得省、市级各类奖项为目标，倒逼各参建单位，用夺奖的严苛标准保证施工安全有序、确保工程质量。建设设计合理、质量过硬的建筑，才能让学校放心、师生满意，才能真正为学校的高质量发展夯实基础、添砖加瓦。

2024年教育部直属高校基建管理案例集

投资控制

基本建设项目过程投资控制

西南财经大学

一、基本情况

西南财经大学协同创新中心项目于2018年6月获得教育部批复立项建设,项目地点位于四川省成都市温江区西南财经大学柳林校区内,建筑面积47995.01平方米,地下2层、地上16层,总高65.85米,批复总投资21698万元。该项目于2019年8月18日开工,2022年1月18日竣工,实际总工期884天。学校在实现"安全、质量、工期"的目标下,多措并举严格控制项目投资,保障项目建设顺利实施。

二、工作举措

西南财经大学作为协同创新中心项目的建设单位,由学校基建处造价人员与第三方造价咨询单位技术人员组建了"项目过程投资控制工作小组"(以下简称过控小组),明确职责定位及人员分工,制定了项目投资控制管理方案,优化投资控制的组织、技术、经济及合同手段,建设项目的投资控制与项目管理同步、同频,覆盖工程建设全过程全阶段全周期。

西南财经大学柳林校区协同创新中心

（一）设计阶段

尽管基建项目的设计费用占总投资的比例很小，但却直接影响着工程造价。协同创新中心项目立项后，严格按照教育部批复的建设规模、建设标准和建设要求，编制详细的设计任务书，通过公开招标的方式采购设计方案和建筑工程设计。过控小组协助开展限额设计工作，边设计边控制，优化设计方案，参与施工图设计审核，按照国家和所属地造价规则审核设计概算，并与投资估算进行对比，分析资金在建设项目各主要工作中所占比例，提出合理化的建议，避免设计粗糙或者设计深度不够，最大程度地减少因设计变更导致的工程费用增加。

（二）招投标阶段

基建项目的控价编制、审核及清标等是招投标阶段的重要工作之一，在源头上决定着基建项目的造价控制。协同创新中心项目委托了具有资质的造价咨询机构编制工程量清单及招标控制价。过控小组结合设计方案与施工技术，采用"背靠背"的审核原则对工程量清单及招标控制价进行审核，避免工程量清单漏项、规定不明确、参数不详细等问题，标后通过核对、比较、筛选等方法，对工程量清单内的项目内容和数量再次核对，审核完整性及合理性，分析是否存在不平衡报价、计算错误、清单漏项等情况，进行投资风险分析并提出风险控制措施。

（三）施工阶段

基建项目实施过程严格按照设计图纸施工，但是由于工程项目建设周期长，受自然条件和客观因素的影响大，工程投资在实际建设过程中难免会发生一些改变。协同创新中心项目的施工过程中，过控小组严格落实投资控制目标与实际投资情况的动态管理，对预付款、工程计量与进度款进行审核，建立工程变更台账、工程签证台账、收方台账、合同支付台账等，全面掌握项目进度计划、实际进度、计量支付、变更签证等情况，按月逐期调整项目资金使用计划，根据工程实施进度和费用情况做出投资偏差分析，定期出具工程投资动态管理报告。

（四）结算阶段

基建项目竣工结算阶段是工程实际造价的最终形成阶段，也是投资控制的最后一关。在协同创新中心项目的工程结算阶段，过控小组对工程结算进行了全面系统的检查和复核，开展了结算资料收集整理、工程量核准、定额套用审查、变更签证核对等相关工作，仔细查阅竣工图纸、设计变更、隐蔽工程验收记录等工程结算资料。同时深入工程项目现场对照图纸实地查看建设情况，审核现场实际是否与结算资料一致，与施工方进行对量确定审核的工程量；以签订的合同为基准，审核综合单价、规费、税金、安全文明施工费等；审核合同其他条款的落实情况，对竣工结算书初步审核，保障结算金额的公正性、合理性及准确性。

三、突出成效

协同创新中心项目在竣工验收后即交付使用，进一步改善了学校的办学条件。该项目的投资控制管理措施涵盖工程建设全过程，举措有力成效突出。一是坚决杜绝"三超"现象。协同创新中心项目的概算未超估算、预算未超概算、决算未超预算，总投资严格控制在教育部批复的金额之内。二是有效控制工程造价，严格把关结算资料。该项目的6个专业工程的结算金额均没有超合同价，结算审计中的平均审减率仅为2.28%。三是有力支撑科学决策，严格把控项目建设全阶段的工程投资。定期出具的投资分析报告为项目相关决策的科学性、合理性提供翔实的投资数据支撑。四是准确编制年度预算。对项目投资进行动态管理，有利于加强项目预算执行分析，对项目资金使用计划进行滚动预测，提高年度预算编制的准确性。

四、经验启示

基建项目投资的有效控制是工程建设管理的重要组成部分，学校通过做好"三个转变"，严格落实项目过程投资控制。一是由施工阶段造价控制转变为项目建设全过程投资控制，分阶段设置控制目标，随时纠正发生的偏差。二是由造价管理为核心转变为以投资控制为核心，更加关注建设项目整体投资分析，以方案设计为龙头，项目管理为抓手，把总投资控制在批准限额内。三是由以自身为中心转变为利用第三方专业力量，建立"项目过程投资工作小组"，借助全过程不间断的造价咨询机构专业服务，协助进行项目投资控制。

"四个彻底"实现全过程投资控制

陕西师范大学

建设项目是一个多主体、多层次、长周期、经济行为贯穿始终的复杂系统工程，整个建设过程涉及组织、技术、经济、合同和法律等诸多方面的内容。

在这个复杂系统中，"费用"是牵一发而动全身的关键处，利用好"投资控制"这个工具，驱动各利益攸关方的博弈达到正向平衡，是深入贯彻落实"适用、经济、绿色、美观"建筑方针的关键，也是控制建设成本，提高项目投资效益，推动项目高质量发展的关键。

陕西师范大学在学生公寓项目建设中，坚持"四个彻底"工作思路，即"设计彻底，预算彻底，招标彻底，监管彻底"，抓好项目全过程投资控制这个关键，推动项目安全、快速、高质量建设，取得了较好的效果。

一、项目基本情况

陕西师范大学学生公寓项目于 2021 年 8 月获教育部立项批复，总建筑面积 41541 平方米，计划总投资 22145 万元，地上 18 层，地下 2 层，设置 846 间学生宿舍，增加床位数约 3384 个。项目利用地下一层人防功能区设置了健身房、讲课室等，地上一层设置了党团活动、自习室、内外分离的文化交流区等共享空间以及辅导员宿舍和残疾人

陕西师范大学学生公寓外立面

宿舍。二层以上每层为学生设置了 1 个配比为 18:1 的 10 人位浴室、1 个洗衣间、1 个热水与大功率电器使用共享空间，以满足学生日常生活需要。每个房间设置了独立卫生间和盥洗室。室外空间将景观绿化与健身休闲结合，设置了环楼宇步道、羽毛球场以及其他健身区，可最大程度满足学生日常室外健身需求。

二、具体工作举措

1. 设计彻底

学校决策建设学生公寓项目时，就明确了"以学生为中心、单体建筑系统布局、绿色环保、智慧安全、节俭实用"的设计理念，要求基建管理部门从开始就抓好项目设计，确保后续建设顺利、投资可控、少留遗憾。一是做好功能需求调研。在项目规模确定后，重点在水暖电接入、楼宇智能化、网络布置、安全管理以及与现有管理系统对接等方面深入与学生、保卫、信息化、国资、后勤等部门充分沟通，论证细化方案、夯实功能需求信息，确保需求完整。二是提高设计深度。严格落实限价设计规则，多举措提高设计的深度，杜绝设计图纸出现二次设计的相关内容，确保设计完整。三是用好图纸评审这个关键。严格按照规定委托专业的审图机构对设计的合法合规性进行审查，并督促设计单位认真整改。同时，聘请建筑、结构、电气、消防、绿建、节能等方面的专家，对设计图进行多次论证、评审、优化，确保设计合理、经济。四是实行工程量清单编制与施工图设计优化正反馈双促进工作机制，通过清单编制累计发现解决图纸修正约102项，进一步提高图纸设计质量，从根源上减少后期工程设计变更次数，有效控制投资。

2. 预算彻底

项目按照"实用、经济、美观、量力而行、应编尽编"的原则编制预算。一是加强与设计互动，提升预算编制的全面性。在预算编制过程中，加强图纸交底，让预算编制人员准确、完整理解设计意图和具体做法，提高项目特征描述的完整性和准确性，进一步减少工程量错误和项目遗漏。二是采用"两编两审"工作模式，分别由基建处和审计处"背靠背"委托两家专业的造价咨询单位独立编制，然后再进行"面对面"审核，进一步提高工程量清单和预算的准确性。三是强化建筑材料市场调研，在确保实现功能和质量控制的前提下，选取性价比更高、更实用的建筑材料，进一步控制项目投资。四是实行工程量清单编制与施工图设计优化正反馈双促进工作机制。根据编制的预算以及总投资情况，再次反推设计方案，对于性价比不高的方案进行调整优化，共调整优化40余项，实现了通过预算编制优化设计，确保预算不超概算，达到投资控制和节约的目的。

3. 招标彻底

一是严格按照教育部立项批复时核准的意见确定招标组织形式。二是在项目招标范围确定时，实行项目范围内施工总承包，项目建设内容全部纳入招标范围，不设材料暂估价，坚决杜绝化整为零规避招标或应招未招现象，避免专业分包，整个施工过程全部由总承包单位负责，进一步提高管理效率，降低管理成本。三是加强招标控制价编制管理，提升清单编制质量，确保清单项的完整性和工程量的准确性。在综合单价确定环节，严格依据工程量清单计价规范，通过市场调研、大数据分析比对等手段，不断提高组价的科学性、合理性和客观性。

4. 监管彻底

一是创新管理机制，围绕项目搭建管理团队。破除科室壁垒，根据项目特点，抽调专业力量，围绕项目组建管理团队，明确责任分工，强化项目管理。二是运用BIM技术，提前解决图纸中存在的"错、漏、碰"，及时规避因图纸和技术变更等问题，导致的窝工或者工期延误情况。三是严控变更签证事项，做到非必要不签证，非必要不变更，杜绝变更签证的随意性。四是紧盯关键工序、关键线路和主要节点，科学优化施工工序，合理穿插施工，提高工作效率，学生公寓项目仅用5个月时间完成主体结构施工。五是实行材料验收双签制度，现场监理人员和项目甲方代表双验收签字确认，确保材料质量。六是充分发挥监理作用，加强旁站、验收管理，紧盯隐蔽工程验收，确保工程质量。

三、突出成效

1. 强化了意识，完善了体制机制

通过学生公寓全过程投资控制实践，增强了全员成本意识，强调人人都是成本管理者的责任；建立了部门内横向协同到边，纵向联动到底的成本管理体制；机制上，对项目决策、设计、招标、施工、竣工结算等关键环节，实施全过程动态监管，全流程控制，减少合同外变增、变更签证、施工索赔等增加造价事项的发生，打好投资控制基础。

2. 项目变更签证事项明显减少

学生公寓项目累计发生变更22项，其中增加造价的变更18项，减少造价的变更4项，合计变更共减少造价248.35万元，与以往同类建设项目相比，变更签证对造价的影响明显降低，投资得到有效控制。

陕西师范大学学生公寓公共交流区　　　　　陕西师范大学学生公寓电梯前室

3. 项目建设达到预期效果

项目于2022年5月8日正式开工建设，12月31日主体结构封顶；2023年4月30日室内装修完成，5月31日外墙装饰完成，6月30日项目建设内容全部完成。项目在质量、安全、工期、投资等方面均达到了预期的效果。

"三编一审"模式 夯实投资控制基座

华东理工大学

一、基本情况

华东理工大学准确把握建设工程投资绩效总要求，牢固树立"成本最优化"思想，锚定投资控制目标，注重资源科学统筹，推动各部门协同联动形成投资控制合力，不断加强项目前期调研论证、优化、深化施工图设计，实行招标代理、投资控制、投资审计三家单位"背靠背"编制工程量清单及招标控制价"三编一审"模式，有效提高了施工图设计质量和招标控制价编制质量，确保投资决策的风险防控力度，有力夯实了投资控制基座。

二、工作举措

1. 强化顶层机制设计，精准施策求实效

学校注重强化顶层机制设计，从风险源头精准施策，全力推动工程量清单及招标控制价"三编一审"背靠背编制模式，创新机制建设提升投控驱动力，通过全流程控制、环节控制、多部门协同、信息共享及变通机制等全维度施力，多措并举降低投资控制风险，不断细化施工图设计、清单编制、招标控制价编制等工作方案，构建主动、协同、集成、创新的工作体系,推动投资管控高标准起步。

2. 高效信息共享机制,问题导向见成效

建设项目管理采用项目负责人"一贯到底"负责制,在项目立项初期建立前期专项工作群,明确唯一信息渠道,规范信息共享流程,各相关部门之间及时共享项目基础信息及相关图纸数据,在信息源输入、整理、传输和接收环节避免重复劳动和重复沟通。同时,通过信息共享,各参与方可以更好地了解彼此的角色、责任和需求,确保每个参与方知道何时应该共享什么信息以及如何共享,从而避免信息不对称和沟通障碍,加快问题响应及解决速度,通过定期会议、专项组会、在线讨论等方式,全方位、全链条、全覆盖开展信息沟通和交流,鼓励各参与方之间加强协作和密切沟通,增进理解和密切配合度。

3. 压实主体责任,把脉指航高标准推进

压实专业人员主体责任,加强专业机构的筛选及专业力量配备。投资控制要有力度,务必需要一支强有力的专业队伍,招标控制价编制工作需要具有专业资质的工作人员开展,并且需要具备充分的专业知识和技能。一方面要确保专业人员掌握相关法规、规范和技术标准,能够独立、客观、准确地进行控制价的编制工作;另一方面要确保其熟悉市场行情、工程成本、风险评估等方面,以及对高校相关施工条件情况较为了解。最后,要健全专业机构评估机制,合理配置专业资源,把脉指航定向推动投资控制"量准价实"。

4. 多方互督共促,辩证创新增质效

互相检查、互相监督、互相辅助的"背靠背"监督机制,旨在确保编制工作的质量、透明度、公正性和合规性。在独立编制的基础上,通过各方互相检查监督,避免主观性和倾向性的干扰,及时发现潜在的错误和问题并进行修正,避免问题扩大化,从而提高工作的质量和效率。不同部门和个人之间充分交流和合作,分享经验、观点、知识和最佳实践,共同解决问题、克服挑战和推动工作的进步,提高了工作效能。特别是在图纸设计深度不够、规避工程量清单中的缺项漏项现象以及项目特征描述不当等问题上，互相监督和共同研究起到了重要作用。

三、典型案例及突出成效

徐汇校区 1 号学生公寓总建筑面积 15540 平方米，批复可研总投资 9663 万元。该项目自 2020 年 8 月开工，2023 年 3 月初步竣工验收，规划验收、绿化验收、卫生验收稳步推进，综合竣工备案 2023 年 11 月完成。该项目运用"三编一审"模式编制招标控制价约 9009 万元，公开招标中标价约 8397 万元，截至验收共计发生签证变更 29 项、累计金额约 95 万元（预算价），预计总建安费约 8700 万元（预估）。该项目实际发生签证变更较少，签证变更投资（预算价）约占合同价的 1.13%，投资控制工作表现出了极大的力度和效果。这意味着项目团队招标管控、变更审核、范围控制、沟通协调和监测预警等方面都有出色表现，投资管控力度强，为该项目顺利实施奠定了坚实的基础。

四、经验启示

"三编一审"模式下，项目管理单位、设计单位、投资控制单位、全过程跟踪审计单位对项目跟进介入时间早，图纸设计与工程招标有效衔接，各方在共享信息的基础上进行动态投资管控，能够更准确地评估项目的投资风险，从而制定更合理的投资控制策略。

尤其受到启发的是，建立信息共享机制需要各部门和各单位之间相互配合，一方面各参与方可以更好地识别和管理项目中的风险，避免因信息不畅通导致风险和错误的发生，提高项目的质量和安全性；另一方面激发了各参与方的竞争意识和专业能力提升。最重要的是，也推动了各方信息共享的意识和主动性，对项目的进展进行主动监督和管理，从而促进更紧密的合作和协同，使决策更加基于事实和数据，最终推动项目的成功实施并提高投资控制水平。

在投资有效控制的基础上，确保高质量和高效率地完成项目，是高校建设事业的重要关注点。随着行业竞争的加剧、数字化时代的到来和创新发展的驱动，优秀案例推广能够提供有用的经验和拓展性参考，辅助各高校在投资控制和项目管理方面取得更好的成果，为高校建设事业可持续发展打下坚实的基础。

实行"两编一审"制度 夯实投资控制基础

江南大学

基建工程项目投资控制是工程建设管理的重要组成部分,贯穿于项目建设的全过程。为有效控制建设项目投资,《江南大学基建项目投资控制管理办法》从项目投资决策、设计、招标、施工和竣工结算等阶段全过程加强项目建设的控制和管理。

在工程建设过程中,工程量清单的编制和审核是工程项目建设招标环节的重要组成部分,直接影响项目建设内容和造价的完整性和准确性。为此,江南大学结合多年来在建设工程项目中的具体实践,实行了"两编一审"制度,应用于工程量清单的编制与审核环节。

一、基本情况

标底的编制是工程招投标之前的一项涉及面广、专业性较强的工作,对编制人员的技术能力、工作经验都有较高的要求,必须委托具有相应资质的造价咨询或招标代理单位安排具有一定实践经验的工程造价专业技术人员进行编制。

"两编一审"指的是:在大型工程项目招投标之前,由学校委托两家有资质的编标单位进行标底编制,在编制过程中保持相互间的独立工作,两方形成工程量清单后,由学校基建部门会同审计部门对两家编标单位提交的工程量清单及计价进行审核,得到招投标准确标底的一种工作方法。

采用"两编一审"工作方法，有利于进一步优化工程量清单和标底编制的工作流程，有助于提高工程量清单测算的准确性与合理性，防止出现重大缺项漏项、对工程项目建设造成重大损失。尤其是大型工程项目的建设，此方法将进一步提高学校在工程建设管理中的风险防控能力，成为确保工程项目招投标和投资控制实施的机制保障。

二、工作举措

学校对基本建设工程的工程量清单编制和审核工作一直较为重视，在蠡湖校区相关项目建设过程中，出现工程量清单误差、重大漏项、重新核价工作困难等问题后，学校在新开展的大型工程项目中，选用了两家单位编制工程量清单和标底。2015年5月，本着进一步规范工程建设项目施工招标标底的编制，保护招标投标人的合法权益，提高经济效益，保证工程质量的目标，依据《中华人民共和国招标投标法》《江南大学招投标管理办法》等相关法律、法规、规章，结合学校实际情况，出台了《江南大学工程建设项目标底编制管理规定》，为学校工程建设项目的"两编一审"工作进一步规范化、制度化奠定了基础。

三、突出成效

学校加强项目前期调研论证，优化、深化施工图设计，实行"两编一审"工程量清单及限价编制与审核制度，有效提高了施工图和清单编制质量，为后期投资控制打下了坚实的基础，因而学校近年来竣工交付的项目投资控制较好，没有超概算安排投资和超标准安排建设的情况。如学校综合科研大楼一期于2019年4月开工建设，2021年11月竣工交付使用，可研批复总建筑面积28498平方米、总投资15012万元，财务竣工决算总建筑面积28736平方米、总投资12982万元，投资执行率86.5%；体育训练馆（风雨操场）于2020年11月开工建设，2022年12月竣工交付使用，可研批复总建筑面积11950平方米、总投资8156万元，财务竣工结算总建筑面积12494平方米、总投资

8153万元，投资执行率99.9%。

四、经验启示

通过多个项目的建设和过程管控，学校在大型项目工程量清单和标底的编制过程中，实行"两编一审"制度，总结出了以下经验。

（1）抓好会审环节，确保标底质量。学校要求两家编标单位预先提供各自编制的工程量清单及标底的电子稿，然后再由审计处、基建处相关人员在场的情况下，开始核对，保证核对过程的独立性，真正找出问题。

（2）落实设计交底，提高标底编制准确性。在两家编标单位会审核对后，及时进行设计单位、编制标底单位的交底工作，进一步明确编标口径不一致、图纸表述不清等各种情况，将发现的问题解决在投标之前，提高每个项目工程量清单和标底编制的准确性。

（3）安排过程跟踪，提高编制效率。在两家编标单位编制工程量清单和标底过程中，基建处工程技术人员的参与非常重要，他们平时在施工方式、施工工艺、施工措施、安全生产等方面积累了丰富的经验，可随时解答编制工程量清单和标底的有关问题。

为今后在工程项目建设过程中，更好地开展"两编一审"工作，进一步发挥其优势，我们对该项制度的实行提出以下建议：

（1）从制度上保证编制工作的独立性。为防止本地两家单位编制工程量清单和标底时私自串通，确保标底编制的准确性，应优先选择异地的编标单位编制工程量清单和标底。

（2）从机制上激励编制单位的积极性。可以尝试突破政策限制，对两家编制工程量清单和标底的单位进行考核，将编制正确度较高的一个单位优先作为招标的代理单位，负责招投标工作。

EPC 工程总承包项目招标造价控制与管理创新
——以创新创业大楼项目为例

中南财经政法大学

一、EPC 工程总承包招标模式及特点

我国推行 EPC 工程总承包模式大致经历了试点、发展、推进，到逐步规范等阶段，规范的标志为 2019 年 12 月国家发展改革委、住建部共同印发的《房屋建筑和市政基础设施项目工程总承包管理办法》。2020 年以来，各省市先后启动了工程总承包试点，重点在房屋建筑和市政建设领域推行工程总承包模式。为适应市场发展，规范校内建设工程发承包行为，提升工程建设质量和效益，中南财经政法大学根据建筑法、招标投标法以及工程总承包管理办法等相关政策，结合实际，制定和发布了《关于推进工程总承包方式的暂行办法》《中南财经政法大学基本建设项目工程总承包实施办法》等文件，逐步实施了 EPC 工程总承包模式的项目管理。

传统施工总承包招标模式与 EPC 工程总承包招标模式的不同点简单对比见下表。

序号	比较因素	传统施工总承包模式	EPC 工程总承包模式
1	招标前置条件	施工图（经图审通过）、工程量清单、施工图预算	初步设计（建设方审核）、设计概算
2	招标控制价	多方审核的施工图预算	投资评审的设计概算
3	招标方准备时间	较长	较短
4	承包方投标准备	比较容易	相对困难
5	投标竞争要点	投标报价	综合实力
6	风险承担	双方共同分担	承包方承担较多
7	主要合同形式	固定单价	固定总价
8	造价控制	相对困难	比较容易

由此可见，EPC工程总承包项目可以较快启动招标工作，参与投标方综合实力较强，造价总体可控，施工进展更快。但招标前期建设方的初步设计和概算审核成为工程总体控制的重中之重，对建设方技术水平、经验能力等综合素质要求较高。

二、创新创业大楼项目EPC工程总承包招标造价控制措施

学校创新创业大楼项目总投资25490万元，总建筑面积39829平方米，地下1层9883平方米，地上19层29946平方米，建筑总高度近80米，建筑结构形式采用框架剪力墙结构；EPC工程总承包合同金额22771万元，为固定总价合同，工程总承包方为中建三局集团有限公司（牵头施工方）和中南建筑设计院（设计方）组成的联合体。

为了做好该EPC工程总承包项目的招标造价控制工作，学校基本建设管理部门专业人员从技术层面不断挖掘工程管理细节，创新提出了EPC工程总承包项目招标模拟清单（即《项目投标报价分部分项组成表》），制定出项目招标范围、报价内容及要求一览表等技术性标准文本，从技术层面对项目要求、实施范围进行了明确界定，既为总承包单位投标报价提供了明确的依据，也极大地减轻了项目实施阶段的管理和协调难度，具体采取的控制措施有以下几个方面。

1. 明确招标范围和报价内容

组织编制《EPC工程总承包项目招标范围、报价内容及要求一览表》（以下简称招标一览表），列明固定总价和专业工程暂估价的各招标分段工程，翔实地注明固定总价各分段工程的招标范围，以及与各专业工程暂估价的工作界面；同时细化对应的分部分项工程和主要工序工作的做法要求和报价内容，为投标报价提供明确的依据。

EPC工程总承包项目招标范围、报价内容及要求一览表

序号	招标分段工程名称	招标范围	主要分部分项工程报价内容	工艺做法及功能质量要求	计价方式
1	设计费				固定总价
2	建安工程费				
2.1	固定总价包干部分				
2.1.1	±0.000以下基础、结构和装修工程				固定总价
2.1.2	±0.000以上结构和粗装修工程				固定总价
……	……				固定总价
2.2	专业工程暂估价				
2.2.1	电梯工程				
2.2.2	±0.000以上精装修工程				
……	……				
3	暂列金额				

2. 合理设置专业工程暂估价

建设功能需求明确、内容标准确定的工程纳入固定总价包干范围内，对前期建设功能需求不明确、内容标准不确定的专业工程，可以作为专业工程暂估价，在后期施工前严格进行限额设计，以保障总投资不突破设计概算。这样既充分发挥了设计施工一体化的优势，也保留了投资控制的灵活性和合理性。

3. 提前谋划过程支付方式

EPC 工程总承包项目在招标时没有具体的工程量清单，且在项目实施过程中对施工图预算进行编审，耗时较长。在不影响项目进展的情况下，往往在施工图预算没有审定前，现场已完成部分工程产值，按照合同要求需支付相应进度款。不同于施工总承包合同中有工程量清单，EPC 工程总承包项目往往双方在申报和审核进度款时存在一定的困难，导致双方对进度款的审核耗时较长，严重时可能会影响项目进展。

为解决项目的进度款支付问题，该项目在编制招标文件时，创新性地提出 EPC 工程总承包项目招标模拟清单（即《EPC 工程总承包项目投标报价分部分项组成表》），根据已通过投资评审的设计概算文件，按照招标一览表对工程费用进行拆分和归类，并作为招标清单的一部分；在项目实施过程中，根据合同约定"按月支付，节点控制"的原则，施工方每月根据现场已完成进度比例，以及表中对应分部分项工作的合同价进行申报工程进度款，双方利用此表作为合同进度款的报审依据，在做好过程控制的同时，保障项目顺利推进。

EPC 工程总承包项目投标报价分部分项组成表

序号	计价方式	招标分段工程名称及分部分项工程报价内容	投标报价（万元）
1	固定总价	设计费	
2	汇总	建安工程费合计	
		（2.1 + 2.2）	
2.1	固定总价	固定总价的分段工程汇总	
		（2.1.1 + 2.1.2 + ……）	
2.1.1		±0.000 以下基础、结构和装修工程	
……		……	
2.2	暂估价	专业工程暂估价汇总（2.2.1 + ……）	
2.2.1		电梯工程	
……		……	
3	暂列金额	暂列金额	
	总计	投标报价总计（1+2+3）	

三、管理创新和突出成效

1. 列明合同费用范围和内容，明确施工界面，避免工程费用重复计算

建设功能需求明确、内容标准确定的工程纳入固定总价包干范围内，对前期建设功能需求不明确、内容标准不确定，后期需优化或升级的专业工程，作为专业工程暂估价。在招标一览表内详细列明固定总价包干范围界限，以及与各专业工程暂估价的工作界面，不仅可以有效避免双方后期混淆争论，避免工程费用重复计算以及无效变更，也从发包人的角度，对重点关注的装修风格和设备功能留有足够优化的空间，分角度对项目的造价控制有所侧重，达到充分利用 EPC 工程总承包模式的优势。

在创新创业大楼项目实施过程中，在施工方进行室内精装修专业工程暂估价预算编报时，重复计算水电专业末端设备费用，经比对合同范围一览表，校方审减此费用 300 多万元，并将此专业工程暂估价预算控制在合同暂定价内，有效控制了项目总投资。

2. 做好过程造价控制，中间结算依据充分，保障进度款支付及时到位

对于没有详细合同工程量清单的固定总价包干合同，《EPC 工程总承包项目投标报价分部分项组成表》作为双方报审工程进度款的依据，现场管理人员明确分部分项工程完成进度比例，造价核算人员依据合同表内限额据实编审进度款，双方均可快速高效完成核算，保障进度款及时有效支付，以利于推进项目顺利开展。

通过在 EPC 工程总承包项目招标时对项目需求、做法标准、实施范围进行明确界定的造价控制措施，既为总承包单位投标报价提供了明确的依据，也极大地减轻了项目实施阶段的造价管控和协调难度，更好地落实了建设方的主体责任，取得了较大成效。

以创新创业大楼项目为例，自 2020 年建设至今，每月及时支付进度款，项目进展按计划工期推进，同时还可科学指导资金计划的制订，保障国拨资金良好的执行力度，已连续三年中央预算内资金完成率达到 100%。

抓实限额设计　有效控制工程造价

华中农业大学

2019—2023 年，华中农业大学实施并竣工交付的基本建设项目共 8 项，总建筑面积约 19 万平方米，包含体育馆、教学科研楼、学生公寓、幼儿园等多种功能建筑，项目均严格控制建筑规模和投资，无一例违反教育部基建管理办法规定。投资得到有效控制的关键是学校在前期设计上，摸索出了一套行之有效的控制工程造价的工作方法。

一、工作举措

1. 抓实测绘与勘察

地形测绘和地质勘察是方案设计的基础。学校委托武汉市测绘研究院做好地形图测绘，这样既能保证地形图的准确性，又能保证后续办理报规手续的规范性。对于地质勘察，委托资深勘察单位做好勘察方案，先期做好初勘，再根据设计要求和现场实际情况，做细详勘，如实快速出具地勘报告。基建处会同设计单位在设计前期进行现场踏勘，参照地勘报告，就结构形式选择、基础类型选用进行技术经济分析，在安全可靠、技术可行的前提下，优选经济合理的结构方案及基础类型。学校近几年项目多采用独立基础或筏板基础，一定程度上有效降低了结构部分的工程造价。

2. 精心打磨设计方案

按照"适用、经济、绿色、美观"八字建设方针，开展方案设计。方案前期，深入考察调研拟建项目的类似项目、经典案例，并安排设计团队踏勘现场、走访使用单位，深入收集整理用户需求。方案设计过程中，组织多轮方案汇报，由专业技术人员集体讨论提出建议，并邀请校内外工程建设领域的专家对方案进行评议，不断修改完善方案。概念性方案完成后，发布在校园网上进行公示比选，广泛征求师生和校友意见。初步设计阶段，委托有较强设计能力的设计院对设计图纸进行咨询，对整体设计方案、部分专项设计方案、基坑支护方案等提出咨询意见，同时应用BIM技术，对施工图进行优化。

3. 采取限额设计

设计阶段方案优化、设备选型、材料选用和业主需求细化是决定工程造价的核心工作。设置项目总造价限额及部分单位工程限额，重视使用功能与建设标准的平衡，不追求标新立异，确保设计科学合理。在方案设计阶段，合理规划建筑物内外的人流、物流、车流，因地制宜组织场地交通、景观设计，优化建筑内部功能布局，减少能耗。在初步设计阶段，按照单位工程限额，确定主要部位的材料、装修做法，确定主要机电系统选型、设备品牌范围，确定绿建、装配式设计得分项的选择。同时委托建筑设计甲级以上资质的第三方设计院对初设图纸进行全专业设计咨询，提出优化建议。在施工图设计阶段，确定装修做法表、主材品牌表和施工大样图，严控单位工程限额，从源头上控制投资。施工图完成后，编制工程量清单，对标限额设计金额，如出现超出设计限额情况，再针对性地优化设计。

4. 严控设计变更和变更造价

重视前期功能需求的调研，细化业主方需求，最大化实现精准设计，对减少施工过程中的设计变更起到重要作用。设置设计合同设计质量约束条款，减少因设计质量缺陷被动变更带来的造价增加，如"由于设计人出图错误或图纸审查把关不严、设计存在明显缺陷等问题，从而需变更设计使发包人预算增加的，设计人应承担增加预算部分30%的赔偿"。在施工中严格执行变更管理规定，将设计变更金额划分为三档（20万元以下、20万~100万元、100万元以上），实行变更分级决策管理，基建部门论证后，提出变更限额，再会同设计院、施工方、监理方、使用方、审计等单位或部门会商、审核，上报分管校领导或校长办公会决策。

二、主要成效

1. 投资控制较好

所有项目投资控制情况良好，未出现超投资项目。对于材料暂估价限额控制，既能实现材料质优价低，也有效规避了投标中的不平衡报价。

2. 设计变更少

方案设计经过了充分打磨，施工图较好实现了设计意图，可以做到图纸完整细致，有效减少设计变更，同时更有利于施工阶段的施工组织，保证工程质量和进度。

3. 赢得多方认可

顺利施工和竣工交付，能够较快发挥建筑的条件保障作用，有效降低了五方责任主体安全风险，便于结算审计和财务竣工决算，赢得了使用单位、审计、财务等部门认可。

三、经验启示

1. 关注政策和规范变化，提高设计报建效率

近几年，建筑行业的新政策、新规范、新标准更新快，而且武汉市对工程建设项目新旧规范界定的时间以工程规划许可证批准日期为准。基建部门经常关注住建部等官方网站，了解相关规范政策的颁布、实施时间，合理加快设计进度，提高报规报建工作效率，在旧规范截止日期前完成报建，有效节约投资。个别设计周期长的项目，提前学习新政策新规范，在设计中落实新规范，以应对竣工验收中新旧标准变化之间产生的问题。

2.强化复盘式总结,及时形成工作机制

对于施工中反馈的设计问题,及时组织相关人员复盘,查找问题原因,提出有效解决办法,并形成工作机制,避免同类问题重复出现。

3.发挥专家作用,形成专业咨询意见

充分利用校内外资源,邀请校内相关专业教师担任设计方案评审专家,发挥基建管理队伍专业技术优势,通过省市级工程建设行业专家库、专业咨询机构的技术力量论证解决工程中的技术难题。

以加强工程变更管理为抓手切实提高项目施工阶段投资控制和风险防控能力

西南交通大学

一、基本情况

工程项目进入建设阶段，基建部门的工作重心从前期设计转向现场管理。实事求是地讲，因各种不可预见因素，变更是项目施工阶段不可避免的情况，虽然变更能对项目前期工作起到有效修正和优化，但也会给项目管理带来各种不确定性。

工程项目建设阶段变更管理不到位，可能导致三大风险：一是论证不充分给项目带来技术风险；二是造价测算不准确给项目带来资金风险；三是变更环节不严谨给项目带来廉政风险。因此，抓好工程项目建设阶段的变更管理，具有极其重要的现实意义。

二、工作举措

有效的管理工作一定要直面问题，既要坚持问题导向，也要坚持系统观念。西南交通大学针对工程项目建设阶段变更管理的三个突出风险点，从组织建设和制度建设入手，优化和完善制度流程，强化制度执行，在工程变更管理上基本形成了一套完整和有效的工作机制。

1. 强化技术把关，保障变更合理性

一是从需求出发对工程变更的必要性进行严格把关。凡变必有因，设计单位、施工单位、用户单位、建设管理部门均可提出变更申请，由建设管理部门组织论证后进行决策。

二是对变更内容的可行性、变更方案的合理性进行技术分析和论证。施工单位、设计单位、监理单位、过控管理单位均需进行技术把关并提出意见，建设管理部门根据综合意见进行决策，确保变更后既能实现设计功能，也能满足规范要求，现实可行，无技术风险。10万元以上50万元以下的变更需基建部门分管项目处领导组织处内相关科室、其他部门相关技术人员进行技术分析并形成书面意见；50万元以上的变更还需要组织专家论证后形成专家论证意见书。

2. 抓实造价审核，确保资金准确性

一是配强工程项目造价审核力量。每个项目至少配备1名后基处造价专业工程师，在此基础上聘请全过程跟踪审计和独立的造价咨询服务，从而使项目管理团队具备较强的造价审核能力。

二是抓实变更造价审核流程。由施工单位根据变更内容提出变更预算，由跟踪审计单位和造价咨询单位进行审核并出具意见，由学校项目造价工程师和项目负责人进行审核，层层把关，最大可能保证变更造价的准确性。

三是严格控制材料认价关键环节。涉及材料认价的，由分管项目处领导组织专业工程师、造价工程师进行认质认价；10万元以上50万元以下的，必由学校审计部门把关；50万元以上的，须进行材料供应商必选；若达到招标限额的，按照相关规定组织招标。

3. 严格程序控制，提高廉政风险防控能力

一是以规则制度为根本遵循，强化流程约束，为规范工程变更提供制度保障。制定了《西南交通大学工程建设项目变更管理细则》，对从变更发起到审核通过的全部流程和全部环节提出明确的程序要求，所有环节清晰、规范、透明。

二是建立资金分级授权和部门联动监督的工作体系，在关键风险点形成权力约束。工程变更以10万元、200万元、400万元为界，对资金审批分级授权和部门共同审核，即单项变更估算增加金额10万元以下的，由基建部门项目组论证后提交处长审定；超过10万元（含）200万元以下的，由基建部门处长办公会集体决策并经审计处把关后，报分管基建校领导审定；超过200万元（含）400万元以下的，在基建审计部门共同论证后提交校长办公会审定；400万元（含）以上的，由学校党委常委会审定。

西南交通大学犀浦校区3号教学楼

三、突出成效

通过对工程变更过程的有效把控,学校近年来基本建设项目的建设效果、投资控制和廉政风险防控得到了较好的兼顾,各类工程项目实施均未发生投资超计划的情况,也未发生廉政风险问题。

以学校最近建成的犀浦校区3号教学楼为例,其可研批复金额35883万元,财务决算金额33234万元。在犀浦校区3号楼建设中,一共发生了各类变更80余项,所有变更均按照审批程序严格执行。所有变更均是为了更好地解决建设过程中遇到的实际问题或方案优化,很好地控制了资金风险和廉政风险。最终,该项目获得了中国建设工程鲁班奖。

四、经验启示

突出重点,对关键环节进行重点把控,可以有效提高基建项目的管理能力。通过制度形成多部门联动、分级授权的管理模式,实现了工程变更的透明化、精细化管理,大大提高了项目施工阶段投资控制能力和廉政风险防控能力。当然,由于审批涉及的资料、流程和部门较多,客观上也降低了一些工作效率。如何找到一个平衡点,并加强校内相关部门的协调和联动,合理优化流程,提高各流程环节的时效性,是未来思考和提升的方向。

多措并举　规范、及时、准确办理竣工财务决算

中国矿业大学

规范、及时、准确编制基建项目竣工财务决算，全面总结建设过程中的经验教训，对于提高资金使用效益、推动学校"双一流"建设具有重要意义。

一、基本情况

2003年6月，中国矿业大学南湖校区开工建设，2004年9月迎来第一届学生，20年来陆续建成了60余幢、近100余万平方米的校舍房屋，总投资27亿元。近年来，学校基建项目均按时办理竣工财务决算，倒逼基建管理过程更加规范、有序。

二、主要做法

1. 健全机制，提高竣工财务决算规范性

学校建立部门联动协调工作机制，明确各部门职责分工。竣工财务决算工作由基建、财务、审计、资产管理等部门共同完成，各部门各司其职，各个环节有序开展。一是定期召开专题联席会议，协同配合、一体推进，杜绝因信息不对称造成的工作滞后、相互

推诿等现象。二是固化竣工财务决算管理的工作要求与工作流程，明确参与人员的工作内容与责任，合理分工、清晰定位，保证决算工作的规范性。

2. 提前谋划，保证竣工财务决算及时性

在项目建设过程中，学校统筹谋划，将业财融合的理念引入建设项目竣工财务决算全流程，加快财务数据与业务信息的交换效率。一是提前对建设项目的建设进度、交付计划、财务收支情况开展自查和总结。二是不断清理核对财务数据，如梳理项目批复文件、合同台账、收支明细、项目进度、待摊费用等。三是加强物资盘点核实，准确形成材料、设备等清单明细。四是组织专人根据项目建设成果、财务信息、资产数据、档案资料等编制竣工财务决算。

3. 完善档案，提升财务决算准确性

竣工财务决算是建设项目的总结性文件，反映了建设过程中各个环节的成果，包括项目批复、资金来源、建设周期、建设成本、交付资产、竣工备案等，完整的档案资料是提高竣工财务决算效率的重要因素。学校制定了完善的建设项目档案管理制度，以强化档案全过程管理。严格落实档案管理与项目建设"同部署、同实施"，配备专业人员、专门地点开展建设项目档案收集与管理工作，做到实时归档，为竣工财务决算工作提供充分、翔实、准确的编制依据。

4. 搭建平台，实现基建数据互通性

竣工财务决算是集项目建设管理、招投标管理、财务管理、资产管理、合同管理、档案管理为一体的综合性管理业务，工作过程中涉及大量项目数据。为此，学校开发了基建管理系统，实现项目基建管理、合同管理、审计管理、财务管理、资产管理等信息化系统互联互通，打破信息孤岛现象，加强了各个业务系统的紧密协作，充分发挥了学校资源的倍增效应。借助信息化平台，提高了部门内控管理水平和协同工作水平，有效改善了竣工财务决算工作方式和工作效率。

5. 及时转固，提升基建程序精准性

根据《财政部关于加快做好行政事业单位长期已使用在建工程转固工作的通知》相关要求，学校应及时按照暂估价值进行在建工程转固，不应以尚未办理竣工财务决算工作为由拖延在建工程转固工作，待办理竣工决算后再按实际成本调整原来的暂估价值。需要强调的是，无论是否完成竣工财务决算工作，转固工作都应该开展待摊投资分配工作以及精细化的资产分类交付工作，为后续资产管理做好充分准备。

6. 加强培训，提高人员素养综合性

学校定期组织竣工财务决算编制人员参加专业化技能培训，学习国家最新政策变化和行业规范，提高竣工财务决算管理的理论水平和实操技能，化解工作中遇到的各类疑难问题。通过加强培训，打造了一支拥有健全竣工财务决算专业知识及丰富实践经验的专业化人员队伍。同时，基建管理部门充分认识到竣工财务决算工作的重要性，摈弃"重建设、轻管理"的片面思维，探索开展建设项目后评价工作，用新形势下的新方法解决竣工财务决算管理的新难题。

三、经验启示

学校坚持问题导向，增强创新意识，取得了一系列成效。一是高度重视基建领域工作。学校领导高度重视基建领域相关工作，要求各项目倒排工期，认真落实竣工财务决算工作，拿出"一天当作两天用、两步并作一步走"的工作态度，紧盯目标、咬住不放，不折不扣落实。2023年4月，教育部调研组来校实地调研时认为，学校按时办理竣工财务决算，基本建设项目管理规范有序。二是建立健全基建制度机制。学校全面修订完善基建业务流程，编制了3本工作手册、25项规章制度，形成了精细化治理体系，部门间通力协作，为办理竣工财务决算提供有力支撑。三是迭代升级基建信息系统。学校以信息化建设为抓手，更新了1套基建管理系统，破除"条块化"思维，破除部门间壁垒，实现基建项目相关数据、相关业务、相关部门互联互通，促进业务融合。四是有效提升基建管理水平。学校坚持为一流大学建设一流校园，南湖校区建设项目累计荣获

国家优质工程奖、中国建筑工程装饰奖、江苏省优质工程奖等各类奖项100余项，实现了建筑品质高、建设效率高、投资效益高、师生满意度高的"新四高"目标。

学校基本建设承载着改善办学条件、优化育人环境、支撑内涵式发展的重要使命。竣工财务决算是基本建设全过程管理的重要环节，是项目从立项审批到竣工交付的重要复盘，是提高基建资金使用效益的重要抓手。这项工作不仅是核定新增固定资产价值的依据，还直接反映出学校基建管理水平。直属高校基建管理部门应进一步提高政治站位，充分认识竣工财务决算工作的重要性，不断提高竣工财务决算工作水平，规范、及时、准确办理基建项目竣工财务决算。

校 地 合 作

基建创新重实践　融合发展建新功

东南大学

为贯彻新发展理念、走高质量发展之路，2022年以来，东南大学围绕"更可控、更安全、更专业"的基建目标，通过校地合作方式，以兰园宿舍项目为试点，创新基建管理模式，取得积极成效。

一、基本情况

长期以来，东南大学基建项目一直采取自建模式。"十四五"以来，东南大学进入了中国特色世界一流大学建设的关键时期，基本建设承担了保障空间、支撑发展的重要使命，基建规模进入历史最高峰，截至2024年3月，在建项目及新立项项目总规模达到88万平方米。改革创新模式，推动基建项目走专业高效发展之路势在必行。

江苏省集中建设模式是指由江苏省政府指定的集中建设实施单位对省级政府投资的非营利性工程项目实施集中建设管理，履行部分建设单位职责。该模式于2018年开始实施，2023年江苏省出台《江苏省政府投资工程集中建设管理办法》，是全国首个规范政府投资工程集中建设的省级政府规章立法项目。从2022年2月到2023年2月，用时1年，学校完成调研、论证、决策、申请环节。2023年2月成功将兰园宿舍项目（10.7万平方米）纳入江苏省集中建设管理体系。兰园宿舍项目于2023年6月开工建设，截

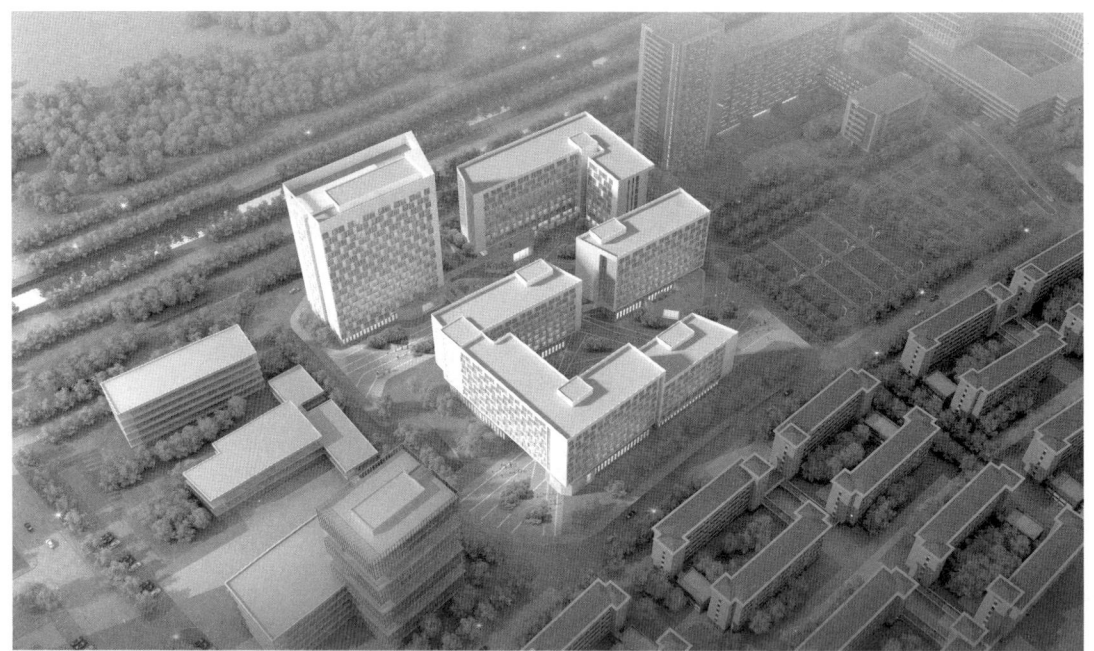

东南大学兰园宿舍效果图

至 2024 年 3 月，该项目最大单体已施工至地上 5 层。

二、主要举措

1. 深入调研和论证

2022 年 2—4 月期间，先后调研 10 所江苏省采取集中建设模式的高校，调研集中建设实施单位 5 次，向学校集中建设工作专班汇报调研成果 10 余次，分管校领导组织研讨论证会 4 次。2022 年 10 月初，形成调研结论并先后通过基建领导小组会、校长办公会和党委常委会，决定将兰园宿舍项目作为试点采取集中建设模式。为保证该模式应用过程的合法合规性，学校成立了由法律、财务、项目管理和设计方面 7 名校内外专家组成的集中建设咨询工作组，全程参与后续与政府以及集中建设实施单位的对接工作。

2. 创新实施路径

因东南大学是部属高校，无法直接纳入江苏省集中建设管理体系。经过反复研究和专家咨询，决定通过"校地合作"方式，将东南大学项目纳入集中建设管理体系。2022年11月，东南大学与江苏省住房和建设厅会商，采取"校地合作"方式，在江苏省政府支持下，成功将兰园宿舍项目作为试点纳入集中建设管理体系，明确省住建厅负责全程协调和监督管理。

3. 创新制度和流程

因江苏省集中建设执行的是《江苏省政府投资工程集中建设管理办法》，学校基本建设执行的是《教育部直属高校基本建设管理办法（2017年修订）》，存在制度衔接问题。学校集中建设工作专班广泛征求专家咨询组意见，积极与江苏省住建厅沟通，采取了"类集中建设"的管理模式，针对部属高校基本建设制度要求，在国拨资金支付、审计方式、过程监管方式等方面实行了具有东大特色的管理制度和工作流程。

三、突出成效

1. 创新实践受到宣传和重点关注

兰园宿舍作为首个部属高校集中建设试点项目，被《新华日报》头版报道。江苏省住房和城乡建设厅将该兰园宿舍项目列为部属高校集中建设示范项目和样板工程，项目建设推进受到住房和城乡建设厅的重点关注和高位指导。在江苏省住房和城乡建设厅指导下，学校制定了第一个部属高校集中建设管理制度汇编。

2. 项目管理专业高效

试点项目兰园宿舍开标及清标后总投资降幅近20%（约1.2亿元），实现2006年后首家央企承担学校九龙湖校区基本建设任务。项目2023年度7个月的进度目标提前1个月实现，校内建设工地首次被江苏省建筑行业协会选为"云观摩"标准化工地（2023年全省共16个项目）、被南京市江宁区评为"标杆工地"并通报表扬（全区共5个项目，东大项目位列第一位）。

3. 项目建设与产学研融合发展

作为集中建设试点项目和样板工程，兰园宿舍工地现场设置了 VR 体验区、安全体验区，为土木、交通等学科学生提供了校园内标准、规范的生产实习场所，为教师科研项目提供了施工场所现场调研与工人施工体验调查等支撑。项目部制定和提供的菜单式的实践教学环节，有效助力了产学研融合发展。

四、经验与启示

1. 充分利用地方政府资源

学校在集中建设模式创新实践中，受到江苏省政府及各相关部门的大力支持。项目纳入过程需要经过江苏省发展改革委、住房和城乡建设厅、财政厅、南京市政府的会签；项目推进过程中的国拨资金支付、审计方式、过程监管方式等都是在江苏省住房和城乡建设厅的高位指导下实现。积极主动联系地方政府，充分利用地方政府资源，有利于促进基建工作的高效推进。

2. 合法合规是创新的底线

按照教育部基本建设管理制度，学校是基本建设项目实施的责任主体。在创新实践中，首先是分清界面，要求集中建设实施单位书面确认学校要求的建设需求、投资指标、质量进度目标等要求。其次是建设过程中学校基建处通过落实"双员机制""三级检查机制"参与过程监管，学校审计处和财务处负责结算审计和财务决算编制报批工作。严格执行国家和教育部基本建设管理制度规定，筑牢质量安全底线，落实学校建设主体责任，确保创新工作合法合规。

全力争取地方政府支持
助力学校建设高质量发展

中国石油大学（华东）

一、基本情况

为缓解滨海大道日益拥堵的交通压力、促进当地经济社会发展、深化校城融合、建设宜居城市，青岛西海岸新区管委与中国石油大学（华东）友好协商，决定双方合作共建珠江路连通工程。2021年8月双方签订《珠江路（石油大学区域）连通工程合作协议》约定：学校配合区政府建设珠江路（石油大学区域）连通工程；区政府支持学校发展，投资12047万元配建一座面积6000平方米、长50米、8泳道的标准游泳馆，投资20642万元配建一处面积21700平方米、停车位540余个的地下车库，同时对地上景观绿化进行改造，提升校园环境品质。

二、工作举措

1. 集体决策，支持地方社会发展

收到区政府会商函后，学校高度重视，校长办公会、党委常委会专题研讨认为：珠江路是城市主干道路之一，随着经济社会发展，新区亟须实现珠江路的全线贯通；项目实施具有良好的社会效益和经济效益，施工期间虽然会给学校教学秩序带来一定影响，但可通过科学稳妥的组织管理、切实可行的施工方案，把不利影响降到最低。学校从校城融合发展大局出发，同意支持项目建设，同时商请区政府给予补偿性资金支持，改善学校基本办学条件。

2. 科学论证，制定项目实施方案

为借鉴同类工程成功案例经验，学校基建处联合青岛市城市管理局、设计单位、施工单位到武汉理工大学南湖校区调研了市政道路下穿校园情况，同时咨询了其他同类工程情况。实地调研后，基建处从工程规模、施工方案和后续影响等多方面进行分析论证，形成了科学的工作方案和预案，并向校长办公会作了汇报。

3. 技术先行，优化项目方案设计

连通工程经多方案比选保留了深埋长隧和浅埋短隧两个方案。深埋长隧方案地下部分距离长、埋深深、投资大；浅埋短隧方案投资省，社会和经济效益更明显，但安全性有待进一步论证。学校充分发挥专业技术优势，详细查阅了连通工程两侧所有单体以及管网工程的技术档案资料，经过与城市管理局、工程设计单位多轮论证和技术经济分析，最终采用浅埋短隧施工方案。该方案对道路两侧建筑物桩基础安全影响最小，比深埋长隧方案节约投资约 6.3 亿元，经济效益明显。从前期规划设计、施工图审核，到实施阶段施工方案审定、质量及进度控制、设备品牌选用等环节，学校全过程参与，提出了许多合理化建议。

4. 全程参与，实施"三个一"工作法

"一个专班"强化组织保障。校地成立了副区长、副校长为组长的工作专班，专班囊括了学校和政府相关部门、设计单位、监理单位、施工单位。专班定期召开调度会，协调解决重大问题，按照项目清单化、清单具体化要求建立任务清单、问题清单、整改清单，强力推进项目建设。"一套制度"夯实责任落实。青岛市城市管理局和学校基建处对工作任务进行细化分解，压紧压实各方责任，切实增强工作实施的科学性、指导性、针对性；定期召开技术协调会，一起深化、优化设计方案；定期召开进度推进会，与参建单位一起研讨、推动解决项目建设存在的困难与问题，积极落实落细安全、质量、进度任务。"一个思想"树牢宗旨意识。校地共同牢固树立以师生为中心的服务理念，主动与教学院部、职能部处座谈交流，全面了解师生的实际需求，把需求转化为工作任务，形成任务清单，责任到人，明确期限，销号管理，及时回访，主动赢得师生理解。

三、突出成效

项目建成后对地方经济发展和学校高质量发展起到积极的推动作用。一是推动地方社会发展。该道路将成为西海岸新区滨海一线最重要的三条东西向贯通道路之一，可分担滨海大道交通压力，实现东西区域间快速互联，对带动促进周边地块开发建设具有重要战略意义。二是提升学校办学条件。地下车库建成后优化校园交通组织，实现校区核心区域人车分流，消除师生出行安全隐患；地下游泳馆可解决学校涉水体育设施不全问题，丰富、完善体育教育教学条件配置，满足学校师生上课、健身、举办小型比赛的需求；绿化景观提升将显著改善校园育人环境品质。

四、经验启示

1. 主动作为，助力地方发展

2019 年，时任教育部部长陈宝生来校调研时指出，学校要把"服务国家战略""服务地方发展"两副重担一起肩负起来，成为地方经济社会发展的战略支撑。多年来，学校为融入青岛、服务青岛、贡献青岛，把学科建设、专业建设、教学科研工作和地方的发展任务、发展目标、发展重点以及产业体系实现对接，进行了针对性的学科专业布局、针对性的高端平台建设和人才引进、针对性的人才培养，助力了地方社会高质量发展。

2. 校地合作，推动互利共赢

项目自建设以来，在施工工艺、创新技术应用、施工质量等方面取得了多项荣誉，项目采用盖挖法施工，较常规施工方式至少提前1年恢复路面，最大限度减少了对学校正常教学秩序的影响。"BIM技术在珠江路（石油大学区域）连通工程中应用"被中国施工企业管理协会评为"第三届工程建设行业BIM大赛三等成果"。连通工程被青岛市市政公用工程质量安全监督站评为"2022年青岛市市政公用工程标准化示范工地"。学校获得政府代建资金支持3.3亿元，解决了多年来悬而未决的基础设施建设问题，进一步完善了唐岛湾校区功能，提升了整体办学条件。

校地深入合作
助力"双一流"高校基本建设高质量发展

电子科技大学

服务地方经济发展是高等学校重要的社会职能，而高等学校的发展也离不开地方政府的大力支持。电子科技大学紧紧抓住国家区域发展战略，深入推进学校产学研成果的落地转化，充分发挥高校人才和科研优势，以高质量的教学、科研来切实助力成都市经济发展。与此同时，成都市以及成都市高新区、成华区、温江区、金牛区等加大对电子科技大学的支持力度，通过建设创新科研基地、孵化中心等产学研一体化平台，进一步保障和改善高校办学的基础条件，实现校地双方共赢发展。

一、校地合作情况

电子科技大学坐落于四川省成都市，设有清水河、沙河、九里堤三个校区，总占地面积约5000余亩，校舍总建筑面积171万余平方米。近年来，学校与各校区所在地政府均有密切合作。

2017年2月，学校与成都市高新区签订合作协议，实施"一校一带"计划，在清水河校区共建成电国际创新中心，打造新一代信息技术领域国际领先的工程研发中心、科技创新中心、成果转化中心和企业孵化中心。该项目建筑面积12万平方米，预计投资约 6 亿元，由高新区政府出资建设。

2018 年 11 月，学校与成都市温江区人民政府签订战略合作框架协议，双方共同扩建电子科技大学清水河校区和新建"三医 + 人工智能"科技园——永宁园区。永宁园区占地面积约 516 亩（其中校方自建区域占地面积 398 亩，温江区政府代建区域占地面积 118 亩），规划建筑面积约 44 万平方米，其中由温江区建设 14.2 万平方米提供给学校使用，建设投资 10 亿元。

2022 年 4 月，学校与成都市金牛区人民政府签订全面战略合作协议，由金牛区政府出资，在九里堤校区共建未来产业科技园和国家科创平台，规划建筑面积 9 万平方米，建设投资约 6 亿元。本项目建设内容包括科研创新楼、新工科实训楼、地下室等土建、安装和装饰装修以及总图工程。

2022 年 6 月，学校与成都市成华人民政府签订战略合作协议，在沙河校区共建工业软件孵化中心，规划建筑面积 5 万平方米，地上总建筑面积约 4.5 万平方米，主要包括科研创新楼及新工科实训楼等楼群，建设资金约 3.5 亿元，由成华区政府出资建设。

学校一直非常重视同各校区所在地政府的合作，长期保持坦诚、深入、畅通、友好的交流，不断争取地方政府在政策、投资等方面的支持。双方相互信任，相互理解，加强沟通，求真务实，紧紧围绕合作各方重要需求，与时俱进，不断挖掘可持续发展潜力。

二、工作举措

1. 加强沟通交流，精准定位各方合作需求

电子科技大学的建设目标是世界一流大学，走创新型大学的发展道路是科学、有效的路径之一。学校与成都市高新区合作的成电国际创新中心项目全面借鉴"斯坦福 + 硅谷"的校地合作模式，充分考虑成都高新区作为国务院批准的西部首个国家自主创新示范区，以国家自主创新示范区建设为统揽，瞄准国际创新创业中心的奋斗目标，旨在加快推进成都高新区建设世界一流高科技园区和电子科技大学建设世界一流大学。学校与成都市温江区合作的永宁园区紧扣温江区产业方向及发展定位，结合学校在医学、生命科学和人工智能、电子信息等交叉学科领域的人才培养、学科建设需求，构建发展共同体。

2. 拓宽合作深度，实现校企地合作新突破

提升一流人才培养与创新能力是建设世界一流高等学校的重要任务之一，为加强创新人才的培养，要加强学校创新体系建设，探索产学研用深度融合。同时，要紧扣地方发展需求，学校与地方政府的合作要从简单的技术、项目、产品合作，到学科建设、产业发展、学生就业、成果转化、创新创业、教育培训等全方位合作，不断强化校企、校地产学研合作，充分展现新时代合作"硬核"实力。学校依托在专业领域相关学科和科研的优势以及地区政策、资源、市场等优势，积极推动与地方企业的相互融合和深度合作，通过积极构建科技成果转移转化体系，不断加强科技成果转化；引导学院充分整合优质资源，支持鼓励专业教师参加政府、行业企业"智库"，参与政府、行业企业决策咨询，为区域产业发展、人才引进、城市建设、规划制定等提供服务；学校充分发挥人才优势，组织专家、教授等讲师团深入地方政府、企业行业；通过实习实训摸清产业需求，针对性培养人才，设置"产业教授"，实施校企"双导师制"联合培养技术人才。

3. 完善体制机制建设，保障合作常态化开展

地校战略合作要规范化、组织化、机制化，形成完善的合作目标及计划，建立协调机制，落实共同会商的体制机制，从而让合作发挥最大效能。成立战略合作领导小组，由地校合作双方领导任组长，在相关部门下设联络处，保障合作过程中及时有效地协调和处理存在的问题。建立沟通机制，定期召开校地合作推进会，共同研究确定合作目标，及时通报各自进展情况及发展需求，检查监督合作项目落实情况，协调解决合作过程中的重大问题。建立长效扶持机制，地方政府制定相应的长效政策，对科技人才、科技研发、成果转化、成果孵化等给予配套支持和经费保障。

三、经验启示

学校在争取地方政府的支持方面取得了一些成果，这与政府领导对电子科技大学的重视分不开，也是学校紧紧围绕国家发展战略，努力提高服务地方经济发展能力的结果。校地合作发展的空间非常广阔，创新合作模式、拓展合作领域是一个非常值得深入

研究的课题，电子科技大学将在已有的良好基础之上进一步探索，以更加务实的态度推动校地合作向更高水平发展，以更加丰富有效的措施落实地方政府对学校的实际支持，奋力推进学校基本建设高质量发展。

绿 色 技 术

贯彻新发展理念　打造绿色低碳示范校园

北京化工大学

北京化工大学深入学习贯彻新发展理念，主动落实国家"双碳"目标，在新校区建设中以"建设设施先进、功能齐全、环境优美、建筑高雅、低碳节能的现代化可持续发展绿色校园"为宗旨，高起点规划、高标准建设、高效率运行，将绿色低碳发展理念融入校园建设全过程，改造校园生态环境、打造绿色节能建筑、构建低碳能源体系、建设节水型校园、创新绿色运行管理。十年间，将贫瘠荒芜的军事训练场，改造为校园绿地率达到49.1%、单位能耗降低20%以上、校园污水零排放的绿色低碳校园。2018年，学校新校区被住房和城乡建设部授予"绿色校园示范工程"。

一、高质量建设校园生态环境

新校区利用校园内荒山和古河道，因地制宜打造"一山两湖"特色学园，建设园林式校园。通过水土保持、植被恢复、复合绿化等技术措施，累计种植乔灌木约120余种5.3万棵，绿化改造55.9万平方米，增加了校园自然碳汇面积，建设了多样化校园生态环境。校园建筑采用疏密有致的组团式布局，精心打造"一院一品"围合式庭院景观，建设慢跑环路、自行车道等校园绿色交通系统，点线面结合，实现了建筑与园林、自然与人文景观的融合。良好的生态环境和优美的校园风光，显著提升了师生幸福感、获得

北京化工大学昌平新校区全景

感。新校区入选学生心目中的最美校园。

二、高标准实施绿色建筑全覆盖

新校区打造绿色建筑集成式校园，综合考虑增量成本，突出规模示范效应，实行绿色建筑分级设计，其中第一教学楼为三星级绿色建筑，图书馆、体育馆和宿舍楼等11个单体为二星级绿色建筑。广泛采用 BIM 技术实施低碳智能建造，因地制宜应用节能环保技术材料，实现"四节一环保"。教学楼采用高性能围护结构、新风与 CO^2 联动控制、屋顶绿化等技术，宿舍楼、食堂等采用太阳能光热一体化设备；体育馆采用导光筒技术被动式采集自然光，建筑室内用硅藻泥替代乳胶漆，充分降低建筑能耗，提升室内环境质量。其中，第一教学楼获得绿色建筑三星级运行标识，截至公布之日，北京市仅有 7 个项目获评。

北京化工大学昌平新校区体育馆采用导光筒技术被动采集自然光

三、高效能构建绿色能源体系

新校区综合分析校园建筑多元化功能需求，编制能源专项规划，充分利用地热能、太阳能等可再生能源，应用地源热泵、太阳能集热、空气源热泵、新风热回收等新型节能技术，提高综合能源利用水平，有效降低校园运行成本。以取得绿色建筑三星级运行标识的第一教学楼为例，采用高性能围护结构，对比参照建筑负荷降低 10.27%；采用地源热泵系统采暖制冷，相较燃气锅炉及 VRV 空调，年节省供热能耗支出约 60%、制冷能耗支出约 54%；采用全热式排风热回收机组，年节约用电 21.92 万度；建筑综合运行费用年节约 57 万元。

北京化工大学昌平新校区第一教学楼采用地源热泵系统采暖制冷

四、高起点打造节水型校园

新校区周边无市政供水管线，学校一方面千方百计开辟水源，另一方面多措并举节约用水。一是打造"海绵校园"，编制雨水控制与利用专项规划，建设人工景观湖、雨水调蓄池、下凹式绿地、透水铺装、屋顶绿化等生态雨洪基础设施，通过"渗、蓄、滞、净、用、排"等措施，校区雨水调蓄容积达到11400立方米，雨水年径流总量控制率超过85%。二是中水再利用，自建日处理量5000立方米污水处理站，实现污水"零排放"，减排污水量60万吨，通过循环用水，年节约水量约55万吨，年节支水费约220万元。

北京化工大学昌平新校区"柳湖"集人工景观湖、雨水调蓄池功能为一体

五、高水平推进绿色运行管理

创新打造"物联网+智慧能源管理运控平台",整合智慧能源、预付费、楼宇自控、路灯集控、电力监控、GIS地理信息等"六大系统"及报警中心、节能监管、工单报修、掌上充值"四大轻应用";已接入39.6万个信息点,实时监测水电表、VRV空调、新风机组、电梯、路灯等设备,每日数据采集量可达1.6亿条。平台通过全天候运行监测、数据计量、大数据分析、故障及阈值报警、云端控制、节能策略优化等功能实现智能运维;通过掌上平台实现故障报警、报修、维修、反馈、考核、评价闭环管理,方便师生使用、提升运维效率、节约能源消耗和人力成本。仅以路灯集控系统为例,通过监测日光调整路灯运行时间1项优化策略,全年即可节电10%。

北京化工大学建设绿色低碳示范校园,实现"节约能耗开支、改善生态环境、获得师生满意",盘盈"经济账、生态账、民生账"。学校探索绿色低碳校园建设,主要

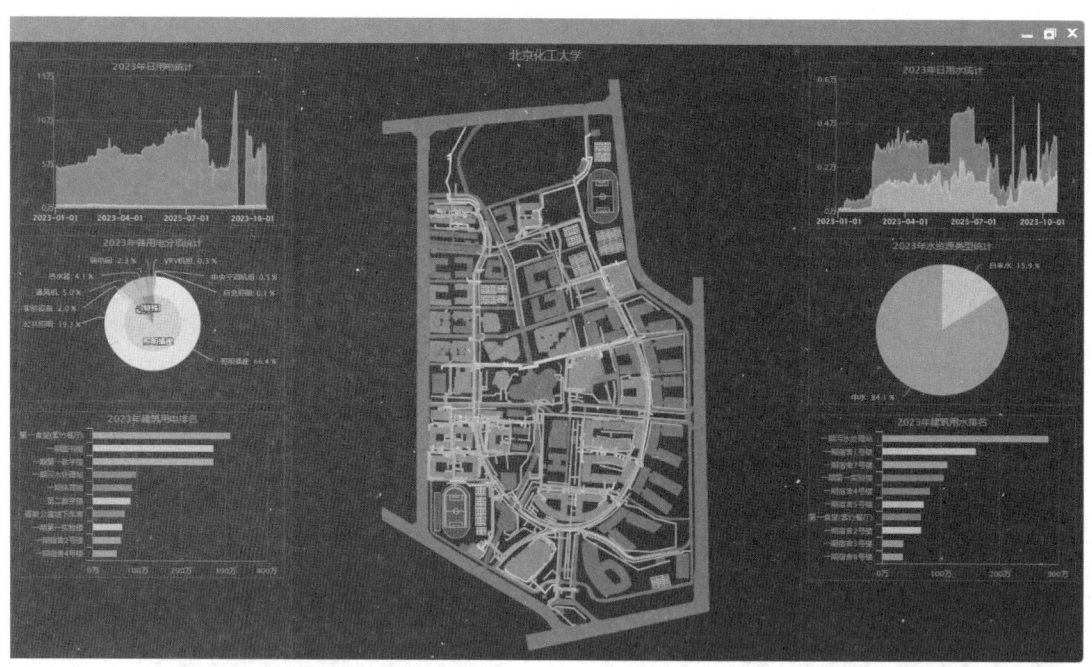

北京化工大学"物联网＋智慧能源管理运控平台"管理界面

有以下几点经验启示。

一是顶层设计，系统规划。坚持超前设计、总体布局，全面考虑校园地形地貌以及风、声、光、水、热等自然条件，从生态、能源、环境、运行等方面设定绿色生态校园建设目标，系统编制绿色校园、能源系统、园林景观、绿色建筑、智慧运行等专项规划，全方位、全生命周期建设绿色低碳校园。

二是建管结合，落地应用。坚持需求导向、问题导向，系统调研学科建设、人才培养、管理服务、运行保障等方面实际需求及未来发展，形成工作思路，融入绿色校园规划建设。实施建设全过程绿色技术交底，制定绿色运行制度规范，常态化开展绿色教育，建立建设、运行一体化工作机制，确保绿色校园建设落地落实。

三是创新驱动，科技赋能。充分发挥技术创新的重要支撑作用，应用物联网、BIM、GIS等数字化、信息化技术，推进绿色建造、绿色建筑、绿色运行；充分发挥学科专业优势，应用北化自主研发的环保建材领域专利技术，实现绿色建设、绿色科研双促进；广泛使用节能减排新技术新产品，提高可再生能源利用率，源头减少碳排放。

立足绿色低碳发展 建设精致绿色校园

北京林业大学

为贯彻落实党的二十大精神和党中央关于调查研究的决策部署，切实做好调查研究"后半篇文章"，巩固直属高校基本建设管理实地调研成果，更好发挥先进经验示范引领作用，北京林业大学在绿色低碳、精致绿色校园建设方面进行案例总结。

一、基本情况

学校深入贯彻落实习近平生态文明思想，坚持把生态文明建设作为立校之本、发展之基，全力践行绿色发展理念，推动形成绿色低碳的生产方式和生活方式，建设精致绿色校园。学校有很多出彩的校园景观，既能满足学校师生休憩、集散，又能满足教学科研需求。每到一处景观，或感受景观与人文的结合，或感受景观与历史的相融。

二、工作举措

作为国家林业高等教育的绿色学府，学校坚持把建设绿色生态人文校园作为绿色学校创建的重要内容，逐年增加绿色校园建设投入，开展绿化、美化、净化工作，建成了"处处有景致、景景有文化"的花园式校园。下面从景观育人、校园文化、节能低碳等方面介绍绿色校园建设。

1. 以校园环境为载体，充分发挥景观育人功能

从 2012 年开始，学校对校园环境进行了科学规划，研究制定了校园环境建设十年规划，按照"提高绿地质量、丰富植物品种、保护校园生态、建设精品景观"的校园绿化准则，打造了下沉庭院、雨水花园、星泉花园、树洞花园、薄房子、林之心、记忆之庭等一批具有北林特色的精品景观，为教学科研及育人创造了基础条件。例如林中博物馆为学生提供了学习绿色、感受绿色的窗口。在林中博物馆中，学生可以看到最新的绿色环保材料竹钢，可以聆听到全国 6 个保护区的虫鸣鸟叫，也可以看到上百种植物标本。

北京林业大学林中博物馆

北京林业大学"薄房子·轻 Talk"景观工程

2. 打造绿色校园文化，传承与创新北林校园文化

与以往教育中"以人为本"理念相比，绿色校园文化更强调人与环境的协调与可持续发展。例如，以"薄房子·轻 Talk"为主题的新型校园景观工程，以钢板和木材建构"薄墙"景观装置，形成食堂和住宿区隔离的绿色屏障，有效遮挡北侧食堂道路对公寓的干扰，创造亲切、闲适且富有吸引力的自然环境。其次"轻 Talk"主题提醒停留者轻声细语，减少对公寓干扰。自然、乐趣的校园景观，让学生喜爱绿色校园环境的同时接受绿色校园文化。再比如，2021 年建成的"记忆之庭"不仅是一处优美舒适的学习交流休闲场所，同时也延续了师生们对学校历史的记忆。

3. 创建绿色校园，节能低碳先行

在校园建设过程中，学校严格执行绿色标准，采用系列节能技术和材料，在节电、节水等方面都取得了积极成效。如，在校园建设过程中，将工学院自动化师生团队自主研发的精准灌溉系统应用到校园绿化灌溉中，有效降低了灌溉用水量。

三、突出成效

1. 节能降碳工作取得显著成效，顺利通过绿色学校创建验收

学校先后获得北京市高校节能工作先进集体、北京市教育系统节水先进集体、全

国节约型公共机构示范单位、教育部能效领跑者示范项目、全国教育节能评优活动示范单位、全国"校园节水·安全供水·智慧管理"样板示范校以及北京市能效领跑者等多种荣誉称号。2022年9月，顺利通过北京市首批绿色学校创建验收。

2. 依托校园景观建设，助推劳动教育实践活动

立足专业学科特点，结合校园景观建设情况，为学生提供丰富多彩的劳动教育课程学习平台。设计二维码树牌，编制校园植物导览系统，便于学生更好地进行植物认知，满足学生对植物认知以及相关课程的教学需求，也助力师生团队开展科研与创新教育。2023年6月，全国首家"后勤服务育人劳动教育示范基地"落户学校。

3. 打造网红景观，彰显校园文化传承与创新

学校校园景观建设均浓缩了北林师生的智慧，突出了高等绿色学府的文化特点。北京日报曾评论"林之心"项目既是户外景观也是博物馆。"校园旧影长廊"展示着校史老照片，教育师生要牢记北林历史、厚植爱校情怀。

北京林业大学"林之心"生物园

四、经验启示

1. 坚持以绿色、节能、低碳为指引，有序构建校园低碳化生活方式

学校坚持绿色发展理念，持续推进节能精细化管理，开展节能宣传的同时实施一系列节能降碳技术改造，建设节约型校园。

2. 坚持以师生为中心，分步实施绿化景观改造，有序提供校园育人环境

践行"知山知水 树木树人"的办学理念，每处校园景观建设都有相关专业的师生参与，这不但促进师生了解校园景观建设情况，而且能很好地培育学生的绿色发展观，树立生态教育理念。校园景观也为全校师生提供科研教学和育人的平台。

3. 坚持景观与文化相结合，突出校园特色，彰显校园文化传承与创新

结合学校实际情况及校园特色，设计建造代表学校文化特色和历史记忆的校园景观，让师生在校园景观中感知学校发展历史，感受学校作为林业高等教育学府的文化传承与创新。

以绿色生产理念建设一流大学食堂
——餐饮综合楼建设中的绿色设计和绿色施工管理

北京大学

北京大学餐饮综合楼工程总建筑面积34602平方米。地上4层，地下3层，其中地上部分为厨房和餐饮大厅，地下建筑为配送中心、中心厨房、物资库。餐饮综合楼工程作为北京大学的民生工程，致力于提高学校师生的就餐体验和校园生活品质，建设人与环境和谐相处的绿色校园，在项目设计阶段，始终贯彻绿色建筑的设计理念，在工程实施阶段，做到绿色文明施工。

一、工程设计按照绿色校园人文校园理念体现以人为本

在建筑功能设计上，注重学生就餐环境质量，为学生以及师生之间的交流提供更加方便、亲切、舒适的交往空间。

在规划设计上，从总平面交通组织、建筑布局、建筑形体空间组合、绿化环境设计、造型设计、功能流线组合和机电设计上，追求绿色人性化设计。

1. 以人为本的平面交通组织

以学生进出流动便利为主线，交通组织客货分流，各畅其流。大楼南侧、北侧和

东侧为人流入口,货运出入口及员工出入口设置在大楼西侧。货物出入口处设置卸货平台及载重4吨的货梯,可直通地下库房和食品生产线。

2. 人与自然和谐的建筑布局

在规划布局上,为保证建筑内部空间的自然采光与通风,开辟多处内庭院和下沉庭院,促进建筑内部的自然采光,增设露天餐饮空间,增加人与自然的开放交流空间。

3. 多样化、细分化的建筑形体空间组合

为增加学生交流空间,各楼层设置不同建筑品味区块单元和特色就餐区域,形成层次丰富、高低错落的各种交往场所,满足学生之间以及师生之间交流的不同需求。

4. 科学高效的功能流线组合

综合性餐饮食堂类建筑是人流物流的高度聚集地,科学高效的流通设计关系到后厨操作效率、学生就餐品质和绿色校园建设。

首先,建筑厨房功能流线是设计重点。设计从各流线维度整体考量,合理安排厨房后勤进货流线、厨房区残余垃圾污物流线、厨房区餐饮配送洁净通道、后勤员工进出通道等各功能流线,使厨房区各个流线独立设置、分工明确、互不交叉,保证后厨区食品卫生安全。

其次,优化学生就餐区高峰时段就餐流线、餐后厨余垃圾处理流线,通过电脑模拟高峰时段人员动线流动,增设建筑就餐出入口及竖向交通设计,减少了学生就餐时间段集中排队、等待的时间,满足高峰时间段学生就餐需要和良好的就餐体验。

5. 集约化设计体现绿色减排、设备系统环保节能

综合性餐饮食堂是高能耗建筑,通过集约化功能设计提升全校食堂的加工效率,有利于电气能源设备系统节能环保、绿色减排和高效稳定运行。在餐饮综合楼地下二层为全校食堂设立集约化的多功能加工处理区,提升全校各食堂整体生产效率。包括豆腐坊、蔬菜加工处理厂、肉类加工处理厂、蛋类加工处理厂、鱼类加工处理厂、高低温冷

库、洗涤剂生产车间等功能房间，除满足本建筑内的食材初加工需求外，还为校内其他食堂提供食材粗加工服务。

二、工程施工中以绿色施工实现创优，全过程贯彻绿色生产

餐饮综合楼工程是北京大学重大项目，地处学生宿舍核心区，施工现场场地狭小，工程施工与周边环境因素的矛盾影响施工进度，施工中各种环境污染会影响学生正常生活和校园环境，因此要求按照绿色生产理念，科学组织文明施工，控制噪声、粉尘，确保运输车辆交通安全，人流高峰时间控制运输车辆在学生宿舍区穿行，校园各项重大活动也要求施工项目停工配合。

1. 以减少施工噪声为核心的绿色生产，保证学生正常学习生活

本工程周边紧邻学生宿舍，施工现场四周被学生宿舍包围，围挡外距离宿舍楼仅10米左右。施工噪声和道路环境污染给学生带来了困扰。项目开工时基建工程部就组织召开学生座谈会，组建学生权益网络，积极与学生会和研究生会沟通，积极回应学生的诉求。为解决噪声扰民问题，项目部在现场东西两侧设置了4米高的隔音屏，发放降噪耳塞，将噪声对学生的影响降到最低。按照学生要求及时调整了施工工序，严格控制施工时间，延长施工计划工期，以牺牲工期为代价保障学生的正常学习生活。

2. 应对复杂地质条件深基坑工程技术挑战，克服土方工程施工和运输与学校环境的压力困难

土方开挖和运输对校园环境、学生日常生活品质影响很大，为此总包施工单位科学制定施工组织方案，减慢生产节奏、科学组织调度，延长土方施工工期、减少不利影响。在土方开挖过程中，为避免施工工地照明造成的光污染对学生宿舍的影响，采取了向周边宿舍学生发放专用窗帘，同时减少工地夜间照明，把整体照明改为局部车辆照明等措施。夜间在校园内车辆运输道路上增加道路照明、安全指示和人员导引，减少道路安全风险。

3. 维护学校道路设施安全畅通，减少道路扬尘污染

为保障周边环境的安全，施工总包方实行周边道路安全巡检制度。为避免土方阶段扬尘影响校园环境，项目部把每天的道路清理洒水作业制度化、标准化。施工期间设立道路安全引导员，建立了安全例会制度和每天安全巡检制度。项目部实行领导带班制度。通过细致的策划有效解决各种影响施工的因素，为施工顺利进行创造了条件。

北大餐饮综合楼工程是绿色校园和人文校园建设的重要组成部分，工程设计施工在全过程中体现了绿色生产理念。突出以人为本，体现面向学生民主开放的人文关怀，体现人与环境协调融合，节能环保、绿色减排。餐饮综合楼工程建设过程也是校园师生参与和共享的工程，工程竣工交付使用以来赢得了学校师生喜爱，实现了工程质量管理和绿色文明施工的好成绩，为北大绿色校园建设作出了重要贡献。

绿色低碳理念在高校建筑中的应用
——以学生宿舍项目为例

中国政法大学

绿色低碳是一种认知，也是一种态度、一种责任。近年来"碳达峰""碳中和"等已经成为各行业重点关注的热词。根据《国务院办公厅关于大力发展装配式建筑的指导意见》《北京市人民政府办公厅关于加快发展装配式建筑的实施意见》等文件精神，大力发展装配式建筑，提升我国建筑产业现代化水平已成为未来发展趋势。

中国政法大学积极响应时代主题，支持装配式建筑发展理念，创新绿色低碳校园建设思维，力争在新建项目的设计、施工等各阶段中实现绿色环保目标。本文以中国政法大学昌平校区学生宿舍项目为例，从项目设计和施工角度探讨绿色低碳建筑实施策略，为绿色校园设计与实践提供参考。

一、学生宿舍项目基本情况

中国政法大学昌平校区学生宿舍项目（以下简称学生宿舍项目）位于北京市昌平区府学路27号中国政法大学校园内，占地面积8000平方米，总建筑面积41185平方米，其中地上3万平方米，地下11185平方米。主体建筑地上12层，地下3层，地上结构采用装配式钢结构。主要建设内容为学生宿舍、后勤及辅助用房、地下车库及人防。

中国政法大学学生宿舍项目效果图

二、绿色低碳理念在学生宿舍建设中的应用与成效

（一）建筑设计要点凸显低碳特色

1. 以绿色低碳为导向的整体设计思路

在建筑整体的构思上，对建筑全寿命期内的安全耐久、健康舒适、生活便利、资源节约、环境宜居等性能进行综合设计，其中资源节约占比 29%，为最大贡献比例。

学生宿舍采用集中式体量，从降低建筑能耗的角度出发，控制建筑外表面积与体积的比例，体形系数控制在 0.17，有效减少外围护结构的传热损失；北部配建雨水调蓄池，场地年径流总量控制率达到 70% 以上，可有效地缓解水资源短缺问题，协助城市防洪和排水；屋顶的绿化面积、太阳能板水平投影面积以及太阳辐射反射系数不小于 0.4 的屋面面积合计达到 75%，有效降低热岛强度。

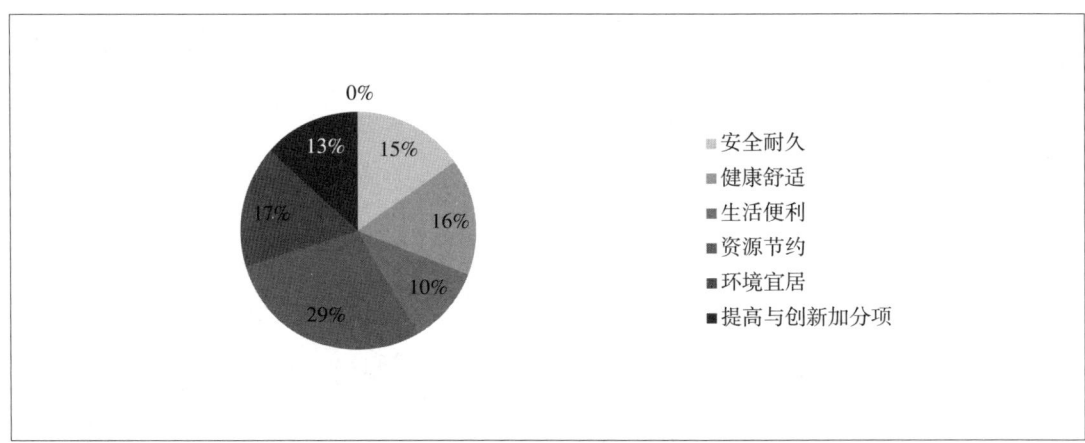

中国政法大学公共建筑项目评价得分贡献率

2. 装配式设计特色

学生宿舍项目装配式设计的构件包括地上部分的钢梁、钢柱、蒸压加气混凝土双层板外墙、蒸压加气混凝土板内墙、钢桁架楼承板、预制钢结构楼梯梯跑、门窗、卫生间和公共区域集成管线吊顶、设备管线分离等。按国家标准计算学生宿舍项目装配率为75.42%，满足《北京市人民政府办公厅关于加快发展装配式建筑的实施意见》及《装配式建筑评价标准》（GB/T 51129—2017）中的装配率不低于50%的要求。

国家标准装配式建筑装配率评分表

	评价项	评价要求	评价分值	本工程得分
主体结构（50分）	柱、支撑、承重墙、延性墙板等竖向构件	35%≤比例≤80%	20~30	50
	梁、板、楼梯、阳台、空调板等构件	70%≤比例≤80%	10~20	
围护结构和内隔墙（20分）	非承重围护墙非砌筑	比例≥80%	5	10
	围护墙与保温、隔热、装饰一体化	50%≤比例≤80%	2~5	
	内隔墙非砌筑	比例≥50%	5	
	内隔墙与管线、装饰一体化	50%≤比例≤80%	2~5	

续表

评价项		评价要求	评价分值	本工程得分
装修和设备管线（30分）	全装修	—	6	6
	干式工法楼面、地面	比例≥70%	6	
	集成厨房	70%≤比例≤90%	3~6	—
	集成卫生间	70%≤比例≤90%	3~6	
	管线分离	50%≤比例≤70%	4~6	4.9
总计			70.9	
装配率			75.42%	

所有装配式构件可实现工厂预制化，减少在建设过程中的物料浪费，现场装配化的建造模式，减少施工人员的劳动强度，缩短工期，节约时间成本。此外，钢结构为可再循环利用材料，可减少生产加工新材料带来的资源、能源消耗及环境污染，具有良好的经济、社会和环境效益。

3. 典型绿色节能建筑材料的选用

外窗采用隔热铝合金型材多腔密封双中空外窗，传热系数 $K\leqslant 1.10$，比国家行业标准《严寒和寒冷地区居住建筑节能设计标准》（JGJ 26—2018）中的要求 $K\leqslant 2.0$ 低45%，且满足北京地标《居住建筑节能设计标准》(DB11/891—2020)中要求的 $K\leqslant 1.10$。

外窗热工性能参数

部位	类型及计算厚度	朝向	传热系数 W（m²·K）		玻璃太阳得热系数	可见光透射比
			设计值	限值		
外窗	隔热铝合金型材多腔密封单银Low-E+12（16）Ar+5+12（16）Ar+5 单银Low-E	南向	1.10	1.10	0.37	0.73
		北向	1.10	1.10		
		东向	1.10	1.10	0.19	
		西向	1.10	1.10		

地上部分外墙采用蒸压加气混凝土夹芯保温双层墙结构。外墙主断面平均传热系数 K=0.31W/(m²·K)，比现行《公共建筑节能设计标准》（GB 50189）中的要求 $K \leqslant 0.50$ 低 38%、比《严寒和寒冷地区居住建筑节能设计标准》（JGJ 26—2018）中的要求 $K \leqslant 0.35$ 和《居住建筑节能设计标准》（DB/11 891—2020）中要求 $K \leqslant 0.35$ 低 11.4%。

学生宿舍将严格把控原材料质量，按照相关应用技术规程、施工验收规范施工，保证外墙、外窗等保温系统的耐久性和安全性。待竣工后，编制节能工程的使用说明，明确节能工程的使用要求和维护要求。

（二）绿色施工要求彰显环保理念

学生宿舍已于 2022 年 4 月开工建设，目前已完成基坑支护、土方开挖、基础施工，正在分段进行地下和地上主体结构施工。学校积极响应"绿色建筑"要求，以绿色施工为宗旨，在本工程施工过程中，最大限度地保护环境和减少污染。

绿色施工典型做法

序号	环境控制要点	典型做法阐述
1	噪声	按噪声强度分级，合理安排施工工序；采用环保振捣器作业，严格控制作业声响。施工现场的噪声控制执行《建筑施工场界环境噪声排放标准》（GB 12523—2011）规定的噪声限值，并进行声级测量。
2	粉尘	控制粉尘及气体排放，施工工地道路 100% 硬化。现场周边设置喷淋系统、雾炮机、洒水车，门口设置洗车池，做到土方施工 100% 湿法作业、渣土车辆 100% 密闭运输、工地出入车辆 100% 冲洗。符合绿色国五排放标准。
3	固体废弃物	减少固体废弃物的产生，施工垃圾分类处理，合理回收可利用材料。
4	污水	设置沉淀池、隔油池、化粪池，生产污水必须经三级沉淀后再排出。施工现场污水排放达到国家标准《污水综合排放标准》（GB 8978—1996）的要求。
5	资源	控制水电、纸张、材料等资源消耗，尽量回收利用。优化钢结构制作和安装方法。采用工厂制作，现场拼装；优化钢材下料方案，制作前对下料单及样品进行复核，减少资源消耗。

学校要求项目以高效利用资源为核心、以环保优先为原则，努力追求并统筹兼顾高效、低耗、环保目标，力争最大化实现社会、经济、生态综合效益的绿色施工模式，为广大师生提供健康、环保、舒适的生活环境。

三、推进绿色低碳校园建设的经验和启示

绿色低碳校园的建设是推动教育事业可持续发展的重要途径之一，是实现我国"双碳"目标的必要路径，也是助力全社会生态文明建设与可持续发展的重要领域。创建绿色低碳校园，可以有效缓解高校所面临的巨大资源消耗的现状、减少温室气体的排放，更有益于创新高校办学特色、提升办学理念。同时，能为广大师生提供绿色低碳的工作、学习氛围，对于培养节能低碳的生活习惯以及健康合理的生活方式也十分有利。

中国政法大学学生宿舍项目的设计和建设，从项目整体规划、绿色施工等层面，到能源利用、被动式节能、节能减排等层面都展示了绿色低碳理念的丰富内涵，为可持续校园建设提供了参考示例。建设与发展绿色低碳校园，需要遵循生态学和人与自然协同发展的基本原则。在可持续发展战略思想的指导下，通过合理的规划设计与建设实施，逐步形成具有校园特色和文化内涵的生态系统。

2024年教育部直属高校基建管理案例集

信 息 技 术

以智能化管理系统规范基建管理全过程
助力高校基建项目管理跃迁

上海交通大学

随着智能化信息技术的快速发展，基建工程项目智能管理系统已经成为协助高校基建规范化管理的有效工具。本文将探讨基建项目智能管理系统在高校建筑管理中的重要作用，以及基建项目智能管理系统如何改变着高校的建筑管理方式。

一、开发背景

高校基建工程项目，一方面为校园提供基础设施服务，另一方面还可以不断融入其他新技术和管理方式，推动着大学校园的可持续发展。其具有以下三个特点。

（1）项目规模大。高校基建工程除了体量大，还需要大量的资金投入、技术支撑和人力支持，整个管理过程也十分复杂。

（2）涉及专业多。高校基建项目涉及的专业非常多，需要土木工程、水电、各类设备、道路交通、网络、环境、绿化、消防等多领域的合作。

（3）影响范围广。高校基建项目是高等校园基础设施正常运行的保证，对高校学科发展、科研建设都有着深远的影响。

上述特点决定高校基建管理过程周期长、过程复杂、数据多。为更好地管理工程项目，做好项目总投资控制、资源的高效配置、经济成本的最优化，通过引入工程项目智能化管理系统来辅助高校基建工程项目的规范化管理，对于提高高校基建工程项目的规范化和效率都有促进作用。

二、基建工程项目智能化管理系统构成

上海交通大学基建处于 2015 年开始使用基建工程项目智能管理系统，系统主要包含两大功能：基建工程项目管理过程文件审核系统和基建工程项目智能化管理 MIS。

（一）基建工程项目管理过程文件审核系统

整个管理系统依据高校基建工程管理规律以及相关内控管理文件设计，涵盖了招标文件、合同、工程款支付、图纸会审、材料设备核价、设计变更、技术核定、现场签证、竣工结算、基建档案等过程管理文件的审核。基建工程项目智能管理系统审核流程具有以下四个特点。

1. 科学搭建流程框架体系

依据高校基建工程规律科学搭建流程框架体系，整个工作流设计严谨、规范，从审核节点、岗位、功能设置科学有效。

2. 实现校内相关部门数据共享

实现了资产、财务、招采、审计、保卫、网络中心、园区办、水电中心、法务、相关院系等部门，通过开发中间库，共享基建工程项目数据在相关部门间的数据，有助于提高整个校园基建工程管理的效率。

3. 基建工程项目第三方参建单位使用流程参与度高

基建工程项目第三方参建单位，包括造价咨询单位、招标代理、设计单位、施工单位、监理单位及各分包单位等，可以不受时间、地点约束，随时发起工程项目中相关的文件，

审核流程工作流示例

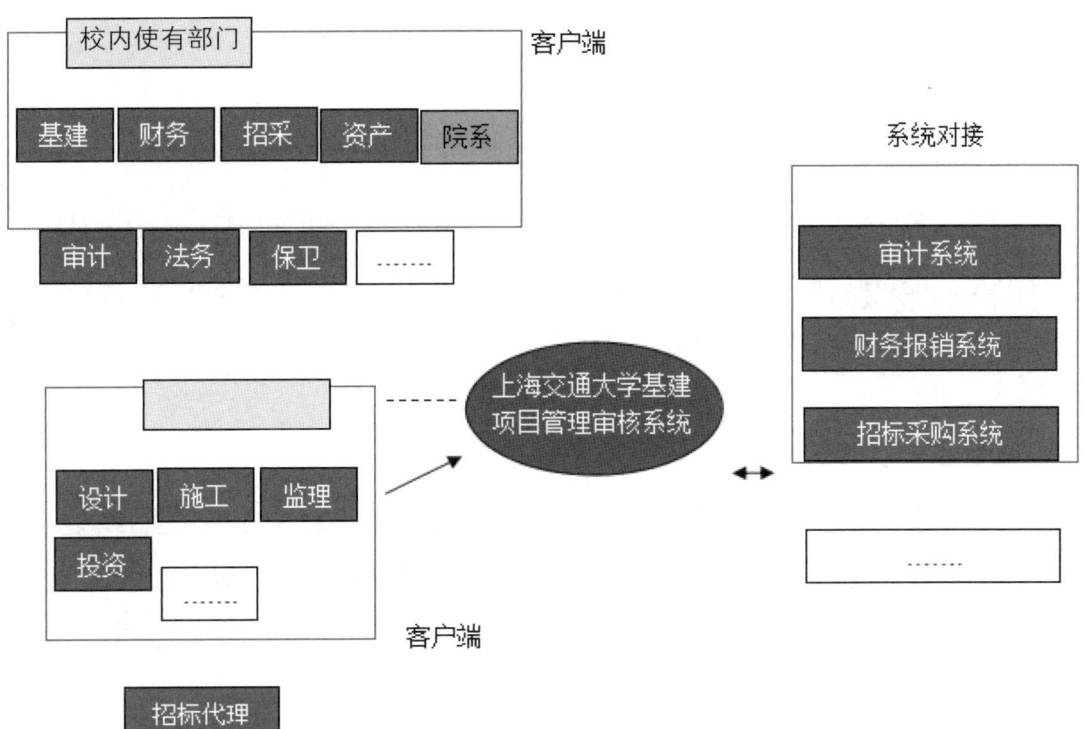

基建工程项目审核系统校内数据共享情况表

并可及时查询文件审核的进度。整个工程项目管理过程更加透明、高效。

4. 实现数据收集的准确性及时性

基建工程项目审核系统本身的特性及表单设计的规范性，避免了以往人工收集整理过程的繁复、数据整理易错、后期查询困难等问题，保证了基建工程管理数据收集的及时性、准确性及查询的便捷性，为高效管理高校基建工程项目提供了基础。

（二）基建工程项目智能化管理 MIS

基建工程项目智能化管理 MIS，旨在科学管理审核系统收集的所有基建工程项目数据，在根据基建工程管理的专业分工基础上，进一步更智能化地利用这些数据协助管理基建工程项目。目前，上海交通大学基建工程项目智能化管理 MIS，主要涵盖四大模块的管理功能。

1. 合同智能管理 MIS

系统从多个层面对项目数据、合同信息、付款信息进行数据分析，并形成对应的统计图表。工程项目管理人员可以更直观地查看基建系统项目、资金使用的整体情况，为未来的工程项目决策提供参考数据。

2. 台账支付管理 MIS

用于查阅各项目下的合同及支付信息。基建工程项目管理人员可通过台账支付管理 MIS 选择不同的项目，查阅对应的关键指标数据，以及详细的合同列表清单。针对每个合同信息，管理员还可查看相应的付款记录信息，从而掌握工程项目过程的资金使用情况。

3. 基建档案管理 MIS

用于基建工程项目管理人员整理各项目的归档材料信息。管理员可在此页查阅通过归档流程上传的各类材料，亦可在此页直接新增文件材料。支持基建工程项目档案管

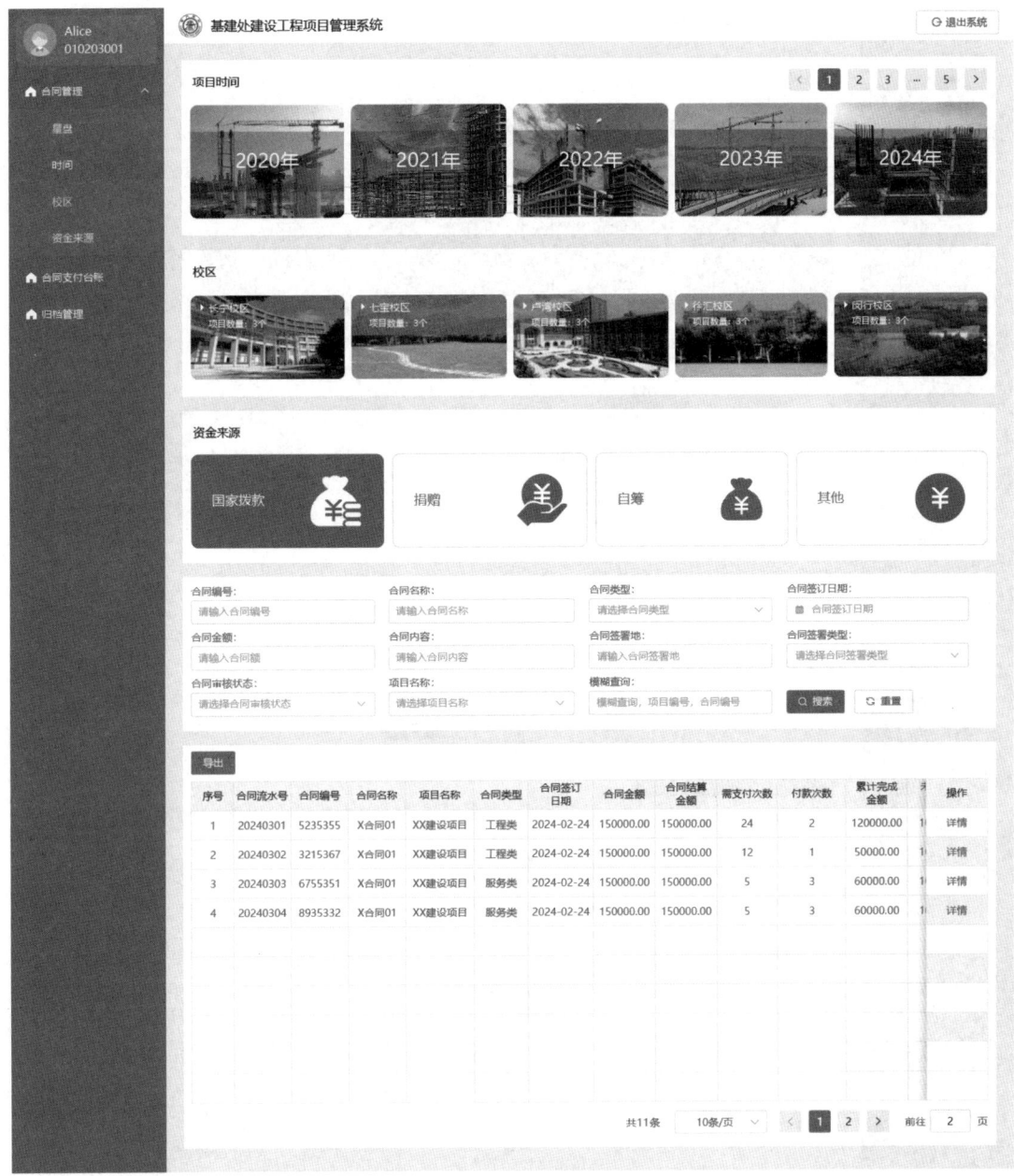

合同智能管理 MIS

台账支付管理 MIS

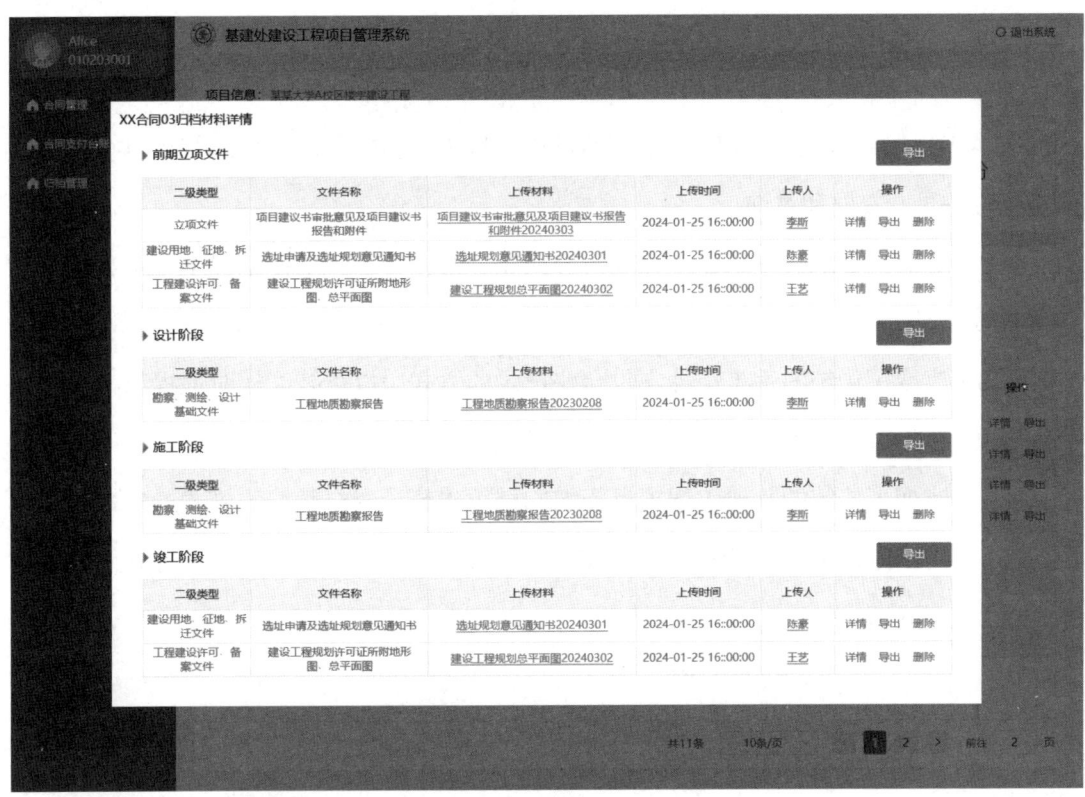

基建工程项目档案管理 MIS

理员编辑、导出、删除相关文件材料信息，实现基建工程项目档案的电子化管理。

4. 审核系统涵盖的所有流程数据管理

基建工程项目智能化管理 MIS 管理系统还包括所有基建处建设工程项目审核流程的数据。工程项目管理人员可以随时查询各过程文件的流水号、项目名称、合同名称、文件名称、审核状态、发起日期、表单查看等。该系统为工程项目管理人员提供了科学管理项目的数据支撑。

三、上海交通大学基建工程项目智能化管理系统成效

（1）基建工程项目智能管理系统通过信息技术，实现了对高校建筑项目全过程主要数据的记录、存储和查询。

（2）能够更好地管理基建工程项目合同相关数据，动态掌握基建工程项目的合同签署进度、合同金额、支付情况等，更智能、准确地掌握工程项目合同相关所有数据变化。

（3）改变了传统的手工统计支付台账记录的方式，以更智能实时地提供支付数据查询、导出，以更高效地管理工程项目过程的财务情况。

（4）改变了传统的基建工程项目资料归档手工统计资料数据的模式，实现了根据政府部门、校内机构归档要求的电子档案管理模式，以更为智能、高效的方式管理基建工程项目电子档案。

基建项目管理数字化转型探索
——基于建设过程内部控制的视野

上海财经大学

一、基本情况

上海财经大学基本建设项目的管理，采用"自管＋项管"模式：基本建设处代表学校，直接对基建项目进行全过程管理；在此基础上，学校结合项目具体情况，根据市场规则选择社会化的项目管理公司对项目进行若干阶段的管理和服务。

近年来，学校以"前期一个、在建一个、竣工一个"的节奏推进校园基本建设，教育部基建计划大表中的项目数量稳定在3~5个。学校基建项目的投资规模不大，年度投资相对稳定，多数年份投资额在5000万到1亿元间。"信息化"是学校"一流三化"发展战略之一，信息化手段在办公、教学、科研、财务等业务系统中广泛应用，但在基建管理中，尚未进行单独业务模块的信息化系统开发。近年来，在基建领域相关审计和检查中，建设过程内部控制的一些风险点被屡次提及，在教育部基建管理相关规定中亦提出诸多规范管理要求。

二、工作举措

针对建设过程内部控制风险防控要求，结合学校基建管理的特点，学校审计处联合基本建设处，开发了"上海财经大学工程审计管理信息系统"，尝试以单功能小模块开发的模式逐一回应内控关切点，由点及面地推动学校基建项目管理的数字化转型。

（一）改造思路

以往成功的经验告诉我们，数字化改造过程需要经过业务流程化、流程表单化、表单数字化、数字信息化四个步骤，同样也从这四个步骤可以知晓数字化改造的核心是流程再造和数据采集。流程再造往往依赖现实工作模式和成熟的规章制度，数据采集往往源于实际业务产生及相关业务系统数据对接。

（二）改造核心问题及解决方案

"工程审计系统"实质上是以数据分析为主的业务系统，但系统本身并不产生原始数据，其原始数据源于相关业务系统或其他业务工作流程，如财务系统、资产系统、工程管理相关业务等，那对于工程审计系统来说数据采集功能就成了核心功能模块。但由于学校各类业务复杂、信息化发展不均衡、业务系统之间相互独立缺乏关联等原因，信息化数据孤岛问题严重，进而恶化了工程审计系统的数据采集问题，增加了信息化建设难度。

1. 工程审计系统和其他业务系统间的数据互联互通方案

目前，学校整体上采用的是数据中心数据仓库模式，即通过建设数据中心数据仓库来实现各业务系统数据的收集，当某一业务系统需要获取另一业务系统的数据时，只需要从数据仓库中提取数据就可实现数据共享，其间不需要和另一业务系统发生任何关系。这种方式技术成熟、数据传递效率高、运行稳定，被许多超大型数据中心广泛采用，但这种模式初期投入成本高，并需要一支技术骨干队伍保障后期的运维。

2. 工程审计系统和人工管理业务方式的数据互联互通方案

工程审计业务涉及的应用对象多采用原始人工管理方式，使用电子或纸质表单来进行数据收集，因此，我们将整个工程管理业务作为审计系统的一部分进行彻底的改造，将所有涉及工程管理、监督、施工、审计等各方需求都纳入系统，共同参与系统的设计和研发。在统一系统内生成、控制和管理的数据，将工程管理系统和工程审计系统合二为一，将作业系统、数据分析系统、决策系统等功能系统相融合，真正实现了全方位的信息化改造，在降低一线工作人员的工作量的同时，实现了提高工程管理质量和审计质量双赢的系统建设目的。

三、突出成效

系统自2015年开发以来，陆续完成了"项目信息""材料核价单""签证单""情况汇报""材料库""合同管理"等模块的开发。

1. 项目信息

"项目信息"功能模块的基础功能是集合项目的各个功能模块，对项目整体的信息如项目情况、参建方、管理人员等进行整合，并在同一个功能页面上展现。

2. 材料核价单

"材料核价单"由"总包单位"或参建"施工单位"创建，并发起流转，所有汇签、流转、批价操作均在网上完成。由"建设单位初审""施工监理""现场工程师""投资监理""建设单位复审"流转签阅，最终经"建设单位终审"定稿完成。核价单一旦完成，系统会自动将批准的材料信息导入"材料库"。整个流转过程全程接受审计处的在线监督。

3. 签证单

"签证单"由"总包单位"或参建"施工单位"创建，并发起流转，流程和"材料核价单"基本一致，整个流转过程同样全程接受审计处在线监督。

4. 情况汇报

为起到跟踪管理的效果，学校要求投资监理以周报、月报或专项问题汇报的形式向审计人员做情况汇报。为了有效地利用情况汇报，实现风险防范、提前预警、及时沟通、妥善处理的目的，我们改造并完善了情况汇报模式，并运用于系统内。

审计处为投资监理创建情况汇报模板；投资监理创建情况汇报记录并推送给审计和建设单位人员；审计和建设单位人员可以为情况汇报记录添加批注，实现在线交流的功能；审计人员可以根据问题处理情况，流转或结束汇报业务。

5. 材料库

材料库数据源于"材料核价单"数据和材料库管理员手工录入数据。材料库管理员只能管理由自己录入的数据，不同人员录入的数据不能错位管理。由"材料核价单"导入的数据不能做任何修改。所有材料核价单都在系统内创建并流转审核，一旦经投资监理和建设管理单位审核通过的核价单，系统会自动将其中认可的材料数据导入材料库。

材料库模块的应用极大节省了人工数据录入的工作量；最大程度避免了因手工录入导致的人为数据采集错误；保证了录入数据的完整性与结构统一性。通过对材料数据修改权限的严格控制（即只有建设单位管理员有手工录入材料数据的权限；只有手工录入的材料数据可以由录入人进行修改或删除；由材料核价单自动导入的材料数据不能做任何修改），确保了材料数据的准确性和安全性，从而提高了材料数据的时效性和有效性。此外，系统还为未来实现云端材料库和数据联盟预留了建设接口。

6. 合同管理

工程合同管理的信息化、数字化、智能化是基建项目管理数字化转型非常重要的组成部分。该功能模块开发前，学校采用传统的人工管理方法，不仅浪费了大量的人力资源，而且在文件登记过程中容易造成差错，给工程造成损失；应用合同管理功能模块在节约人力成本的同时,提高了合同管理的效率。目前,该功能模块的功能开发仍局限在合同管理全生命周期的立项、起草、签署阶段,后续的支付控制、台账登记、统计分析等功能还有待进一步深化,以达到项目规范化管理、降低建设过程内部控制风险的目的。

四、经验启示

"上海财经大学工程审计管理信息系统"自2015年上线以来,为"主校区体育馆""主校区科研实验中心""27号学生宿舍"等多个重大基建项目的顺利推进"保驾护航",运作良好,成效显著。

探索基建管理新模式 提速增效促建设

西安交通大学

根据《教育部等五部门关于深化高等教育领域简政放权放管结合优化服务改革的若干意见》，按照学校深化改革总体安排，西安交通大学加强改革、优化服务，从实际出发，以问题为导向，利用现代信息技术手段，依托"互联网+"，于2016年在国内高校中率先完成了"基建交互工作管理平台"的研发工作，现已投入使用并取得初步成效，并在兄弟院校中得到了良好的推广应用。

一、平台简介

该平台梳理了符合高校基建项目全过程管理的业务规范，引进先进项目管理模式，

西安交通大学基建交互工作管理平台

可积极推动网上办公,代替传统纸质文档办公、个人单线交接流转模式,优化服务流程,缩短办理时限,提高办事效率;基建项目信息全部上线,所有经办人全程留痕,任务实时跟踪,中心全程监督,校领导、审计监察总体把控,实现了对项目建设的全过程动态监管。各级风险点的管控、风险预警机制以及全过程留痕等加大了风险防控的力度,很大程度上降低了传统基建管理工作中的各类风险和隐患。同时,强化信息公开,畅通监督渠道,提高了工作透明度,增强了信息公开时效。

二、平台运行关键技术

1. 数据抓取和自动整理

以项目为树干,根据项目办理流程自动抓取所有相关数据,形成各类表单和报表,可全盘掌握项目进展情况,实现智能分析预判,后期还可以做后评估研究。

投资控制与合同管理模块

2. 投资控制与合同管理

建立了全过程投资控制智能引擎,以及项目层面概预算管控体系。从项目立项、可研、招标、合同审批到现场变更、签证、索赔、计量、支付,投资控制引擎不断将预发生费用与管控目标费用对比,实现全过程预警。

3. 进度控制

多种形式展示作业进度,自动计算工期变更影响,对影响关键线路变更实现预警;根据支付与履约数据自动实时计算投资进度;视频、照片等进度与各类工作表自动关联。

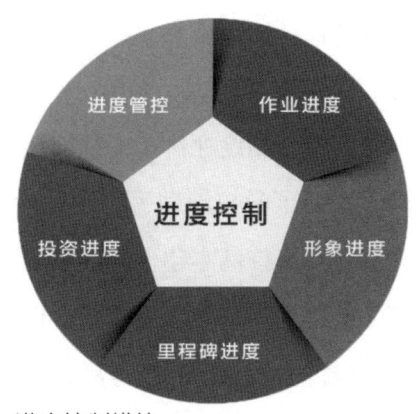

进度控制模块

4. 协同办公

为甲方、监理单位、施工单位、设计单位、全过程审计单位等各方设置系统接口，实现平台协同办公；为学校纪委、校领导、审计部门放开所有查看权限并设置专属页面，实现远程全过程动态监管。该平台的使用可促进项目管理规范统一、信息共享、风险预警以及廉政建设。

5. 效率考核

通过主办流程和协办流程，设置管控模块，将全体基建人员、相关职能部门纳入项目建设过程，实现对主办人员、协办人员、办理程度、办理节点、办理时效的智能管控和预警提醒。在此基础上辅助以议题单、电子台账、意见记录、文档在线编辑等功能，平台的所有任务均形成了"发起—经办/协办—完成—考核"的闭环，完成全过程动态记录，可实现效率考核和责任追溯。学校规建中心从2016年着手建设信息化管理平台，目前已完成基建项目信息管理建设，具有高校应用的普适性，又兼顾了高校个性化需求的预留功能，可广泛推广。目前，该系统已成为西安交大整体大数据平台基建模块的核心部分，同时具备了未来随时升级为高校基建大数据平台的条件。

三、突出成效及展望

2017年初投入使用后，不断有兄弟院校来校交流学习，并积极借鉴我校信息化平台的建设经验，截至2024年1月，已有30余所国内高校在这一平台基础上进行二次开发并完成建设应用。2018年，教育部专项检查组莅校检查基本建设规范化管理工作，对平台给予高度评价："学校强化基本建设信息化管理手段，实现了基本建设精细化管理，提升了学校治理手段的现代化，这个创新做法值得推广借鉴。"2023年，教育部开展直属高校基本建设管理实地调研时，调研组在听取汇报后，认为："西安交大积极探索基建管理数字化工作。学校研发的'基建交互工作管理平台'在提升工作效率和廉政建设方面发挥了积极作用，示范效用明显，值得广泛推广。"

未来，学校将围绕项目建设开展实际问题，继续优化交互平台，高质量推动学校基本建设工作开展。

四、平台主要模块展示

1. 业务框架

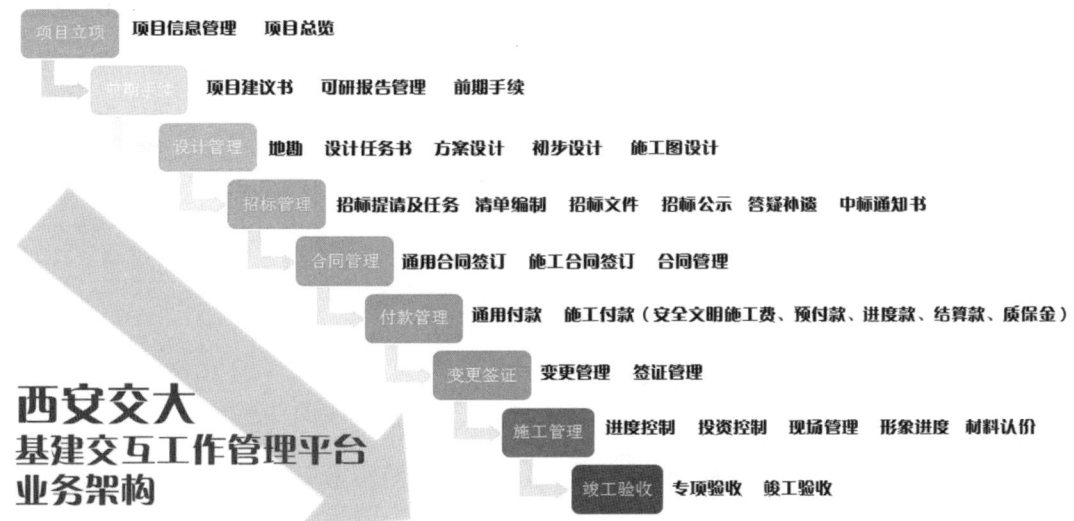

2. 首页展示

平台在首页展示了系统中与用户工作紧密相连的几个部分,如我的任务、协办任务、通知公告等信息。首页中还展示了项目投资、形象进度、项目进度等模块,能够让全体工作人员掌握项目进展情况,整体提高基建管理水平。

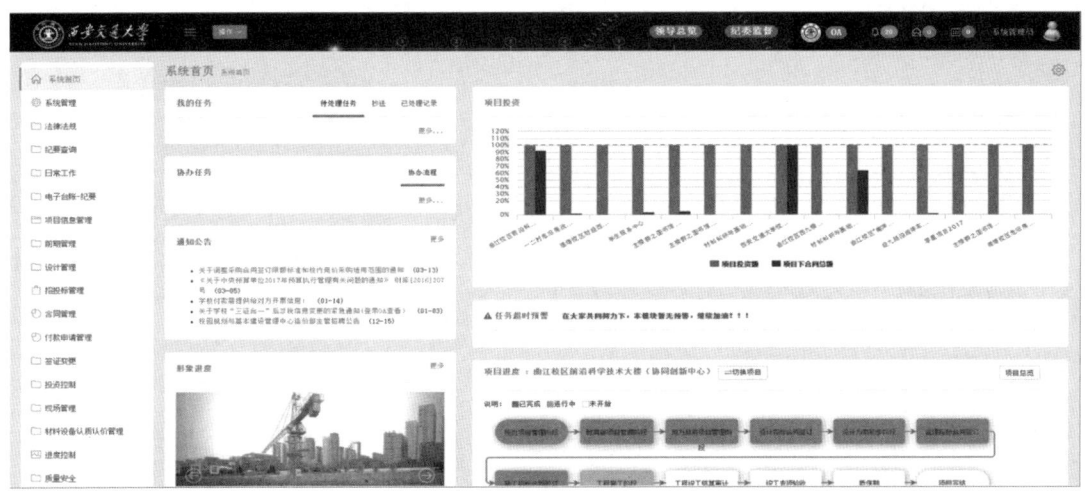

3. 项目总览

项目总览功能让基建项目建设情况能够通过扁平化的方式进行横向展示，更加有利于办公人员掌握项目开展过程中的各类信息。平台改变了传统项目管理模式下信息分散、查阅不易的情况，针对数据进行分类规整，通过自定义查询入口，可以随时随地、方便轻松地查到想要的信息。

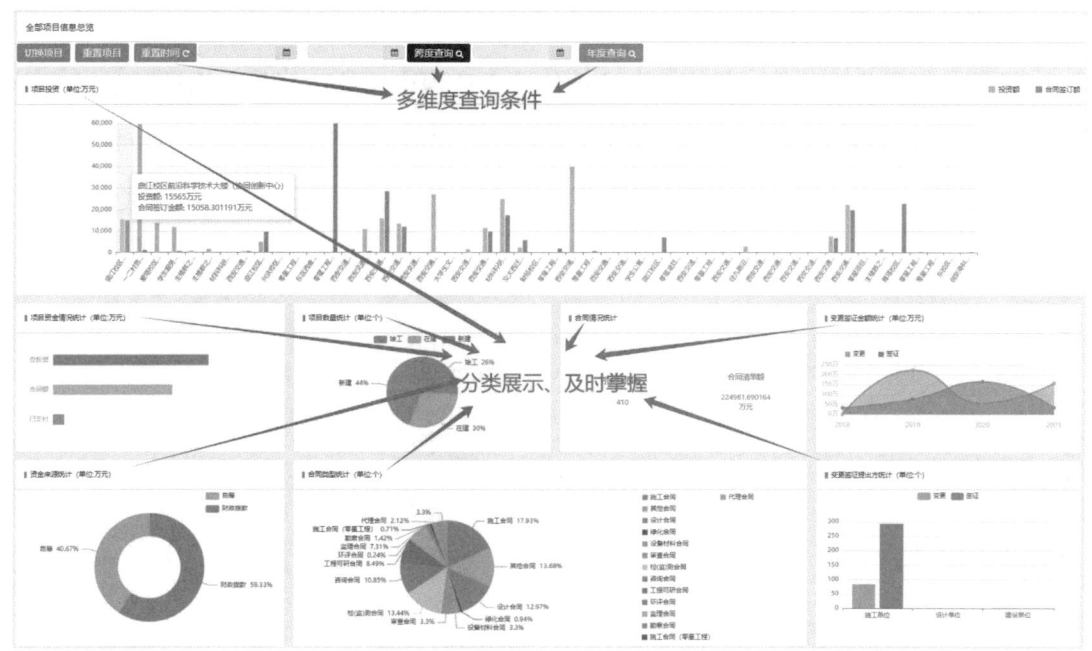

4. 风险防控

平台提供了公开透明的全过程业务流程，以规避审批过程中的职能风险和安全隐患，为高校基建廉政建设提供了阳光透明的环境，从而较好实现了项目监管及风险防控。项目信息全部录入平台，所有经办人全程留痕，任务实时跟踪，全程监督，校领导、审计、纪委监察总体把控，实现了对项目建设的全过程动态监管；各级风险点的管控、风险预警机制以及全过程留痕等提升了风险防控的力度。

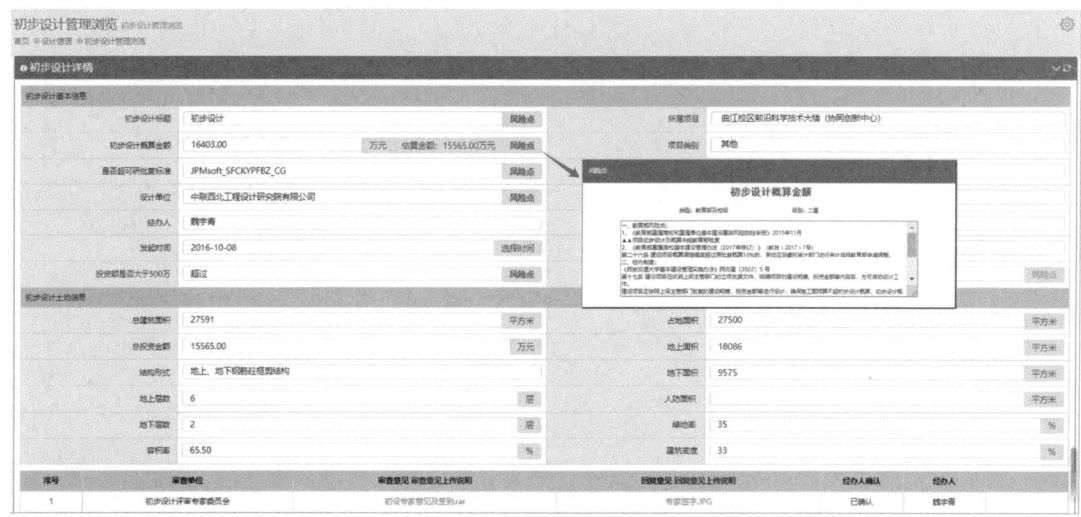

5. 审批信息化

甲方、监理单位、施工单位、设计单位、全过程审计单位等各方均按照审批流程进入平台，所有审批环节和审批批次均能落实到人、审批意见、审批节点、审批效率做到全过程留痕。

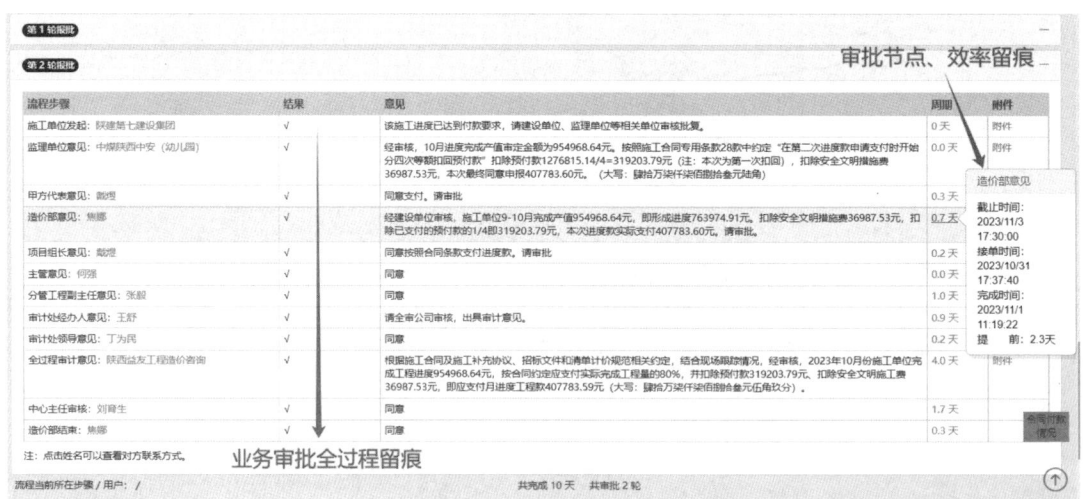

6. 电子报表

平台实现了各类基建款项的网络支付审批流程以及各类基建文件的网络审批流程，并自动生成报表。审批报表是业务审批的最终产物，也是业务处理结果的最终体现。平台为审批报表加上了电子签名以及二维码扫码验证功能，从根本上杜绝报表作假的现象。

信息技术

西安交通大学校园规划与基本建设管理中心
2023年10月 工程进度款报表

合同名称：西安交通大学兴庆校区幼儿园综合楼施工合同 ← 合同名称自动抓取

扫码认证 →
根据编码规范自动生成编码
单位：元 进度款编号：西交建-工程进度款-YEYZHL-2023-3

单位名称	专业	小计	装修	土建	给排水	电气设备	消防	人防	暖通	空调	弱电	变更	签证	其他	专业工程暂估价	计日工
	合同价款(元)	1973336.98	1721488.20	0.00	0.00	0.00	0.00	0.00	0.00	0.00	0.00	0.00	54131.46	197717.32	0.00	0.00
	工程款(元)	1314062.69	0.00	1141454.72	0.00	0.00	0.00	0.00	0.00	0.00	0.00	0.00	43305.17	129302.80	0.00	0.00
陕西建工第七建设集团有限公司	本次完成金额(元)	2251812.16	0.00	2204504.02	0.00	39867.24	0.00	0.00	0.00	0.00	0.00	4063.84	0.00	3377.06	0.00	0.00
	扣安全文明施工费(元)	0.00														
	扣预付款(元)	319203.79		319203.79												
	本次申请金额(完成金额*80.00%-扣款)(元)	1482245.94	0.00	1444399.43	0.00	31893.79	0.00	0.00	0.00	0.00	0.00	3251.07	0.00	2701.65	0.00	0.00
中煤陕西中安项目管理有限责任公司	监理核定完成金额(元)	954968.64	0.00	954968.64												
	扣安全文明施工费(监理)(元)	36987.53	0.00	36987.53												
	扣预付款(监理)(元)	319203.79	0.00	319203.79												
	监理核定支付金额(完成金额*80.00%-扣款)(元)	407783.59	0.00	407783.59												
校园规划与基本建设管理中心	项目组审定完成金额(元)	954968.64	0.00	954968.64												
	扣安全文明施工费(项目组)(元)	36987.53	0.00	36987.53												
	扣预付款(项目组)(元)	319203.79	0.00	319203.79												
	项目组审定支付金额(完成金额*80.00%-扣款)(元)	407783.59	0.00	407783.59												
陕西益友工程造价咨询事务所有限公司	全过程审定完成金额(元)	954968.64	0.00	954968.64												
	扣安全文明施工费(全过程)(元)	36987.53	0.00	36987.53	0.00	0.00	0.00	0.00	0.00	0.00	0.00	0.00	0.00	0.00	0.00	0.00
	扣预付款(全过程)(元)	319203.79	0.00	319203.79												
	全过程审定支付金额(完成金额*80.00%-扣款)(元)	407783.59	0.00	407783.59												

全过程审批信息自动抓取和生成

形象进度描述	1.土（石）方工程：挖桩间土工程量完成100%；土方回填工程量完成60%。2.混凝土及钢筋混凝土工程：基础工程桩承台基础混凝土工程量完成100%；基础梁混凝土工程量完成100%，A/B段基础垫层工程量完成100%。3.混凝土及钢筋混凝土工程：钢筋混凝土基础承台及基础地梁混凝土工程量完成100%；A段一层墙、柱、梁钢筋工程量完成100%；B段一层墙、柱钢筋工程量完成100%。4.混凝土及钢筋混凝土工程：主体工程一层混凝土工程量完成40%。5.混凝土及钢筋混凝土工程：主体工程一层直行墙混凝土工程量完成10%。

施工单位申报	监理单位审核	项目组审定	审计处	中心主任审核
项目经理	**总监**	**甲方代表**	**校审计**	**中心副主任**
该施工进度已达到付款要求，请建设单位、监理单位等相关单位审核批复。	经审核，10月进度完成产值审定金额为954968.64元。按照施工合同专用条款28款中约定"在第二次进度款申请支付时开始分四次等额扣除预付款"扣除预付款1276815.14/4=319203.79元（注：本次为第一次扣除），扣除安全文明借路费36987.53元，本次最终同意申请407783.60元。（大写：肆拾万柒仟柒佰捌拾叁元陆角）	同意支付，请审批。 电签 2023.10.31	请全审公司审核，出具审计意见。 电签 2023.11.03	同意 电签 日期：2023.11.02
电签 日期：2023.10.31 公章	电签 公章	**造价** 经建设单位审核，施工单位9-10月完成产值954968.64元，即形成进度763974.91元。扣除安全文明借路费36987.53元，扣除已支付的预付款的1/4即319203.79元，本次进度款实际支付407783.60元，请审批。 电签 2023.11.01	**校审计负责人** 同意 电签 2023.11.03	**中心主任审批** 同意 本次付款金额：407783.59(元)
		项目组长 同意按照合同条款支付进度款，请审批 本次付款金额：407783.59 (元) 本次付款后累计支付： 电签 2023.11.01	**全过程审定审计** 经园区合同及施工合同补充协议、招标文件和清单计价规范相关约定，结合现场实际情况，桩审核，2023年10月份施工单位完成工程进度954968.64元，按合同约定应支付实际完成工程量的80%，扣除预付款319203.79元，扣除安全文明施工费36987.53元，即应支付月进度工程款407783.59元（大写：肆拾万柒仟柒佰捌拾叁元伍角玖分） 电签 日期：2023.11.07 公章	电签 日期：2023.11.09 签名 公章

电子签名

温馨提示：进度款付款时按合同约定扣除预付款和其它扣款项。

编号：西交建-报销审批单-2023-640　　部门编码：060400　项目编码：71230000000012

根据编码规范自动生成

西安交通大学 报销审批单　防伪认证

报销单位：校园规划与基本建设管理中心　　　　2023年12月12日　　　附单据　张

报销项目	单据张数	金额（元）	用途说明
西安交通大学兴庆校区幼儿园综合楼11月工程进度款		2337595.90	西安交通大学兴庆校区幼儿园综合楼11月工程进度款 附资料：发票及真伪、工程价款结算账单、工程进度款报表、分部分项工程质量进度确认单、形象进度照片、关于2023年11月工程进度款支付的情况说明、施工单位、监理单位、全审单位申报及审核资料
			电子签名
合　计	0	2337595.90	人民币（大写）：贰佰叁拾叁万柒仟伍佰玖拾伍元玖角
说明	\multicolumn{3}{l	}{1.报销项目请按办公用品、邮资、网络、通讯费、水费、电费、实验材料、打印、资料版面、仪器设备、办公家具、修缮费等分类填列。 2.凡购置各类物品需按有关规定办理签、验手续，经办人不得兼作经费主管人、验收人}

经费主管人：　　　验收人：　　　经办人：　　　审核：

7. 日常办公

为了更好服务于基建项目，该平台还补充完善了日常办公业务功能。

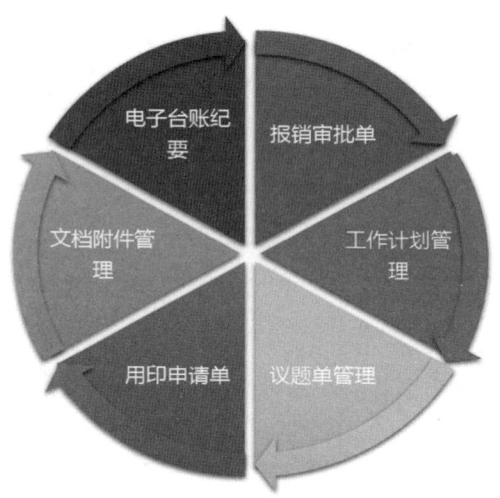

8. 议题单功能

为每周办公会提供会议讨论事项，由各个部门在会议召开前一周在平台上分别提出需要讨论的议题。

9. 电子台账纪要功能

电子台账能够跟踪基建工作事项的落实和执行，强化监督、督办的职能，确保基建项目能够事项明确、条件清晰，责任落实到每个部门，为中心基建项目的推进提供了极大的帮助。

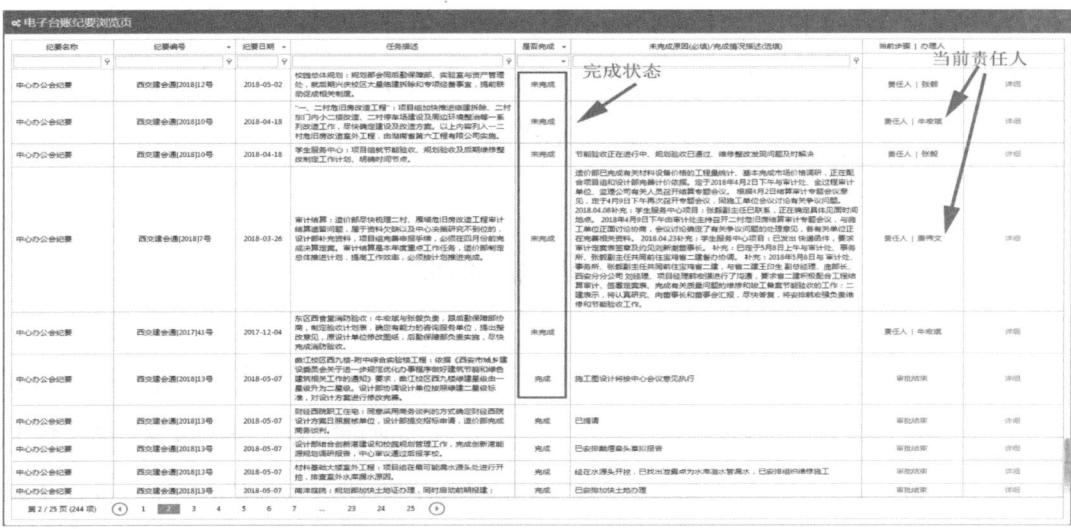

科技赋能地下管线管理
助力数字化校园建设

华东理工大学

2021年，教育部等六部门联合发布《关于推进教育新型基础设施建设构建高质量教育支撑体系的指导意见》指出，要加快推进教育专网建设，普及数字校园建设及应用，打造校园管理"一张网"，构建数字校园"一张图"，完善智慧校园的基础设施。2022年，全国教育工作会议明确提出，我国要"实施教育数字化战略行动"，"十四五"时期加快教育数字化转型。

校园地下管线是校园建设的重要内容，是校园生存和发展的生命线，对维系校园日常运转至关重要。地下管线数字化也是构建校园数字底座，实现教育数字化转型必不可少的基础保障，是加强教育新基建的重要内容。

一、项目概况

华东理工大学徐汇校区自建校以来，地下管线进行过多次改造，新老管线并存且多次迭代。由于缺乏数字化的支撑，地下管线信息缺失严重，现状管道布局与原设计图纸不符。地下管网信息数据不完整及二维信息图纸的局限性，导致学校地下管网运维管理手段落后，管理模式粗放。针对徐汇校区地下管线因老旧损坏造成漏水、爆管等问题频发，无法及时响应修复的问题，2017年起，学校启动徐汇校区基础设施改造工程，并同步建立校园地下管线数字化模型，搭建徐汇校区地下管网运维管理平台，逐步实现地下管线数字化管理。

二、工作举措

根据徐汇校区地下管线的种类，梳理数据来源，建设数据采集机制和管理模式，统一测绘数据成果，基于统一标准保障多源复杂数据汇聚，形成的徐汇校区的管线数字化数据库，推进了管线的数字化建模，有效满足了综合管线数据应用需求，为校园发展及各职能部门决策提供了可靠的数据支撑。

1. 确保源数据准确完整

在建模之前要先对地下管网数据资料进行梳理。徐汇校区地下管网的施工图纸因年久，各种维修信息零散、有缺失。为保证建模数据的完整性和准确性，2017年学校启动了徐汇校区地下管网的物探普查工作，并结合2019起徐汇校区的基础设施改造工程，对主要开挖路段的管线进行跟测。综合普查数据、跟测数据及复测数据，基本完成覆盖整个校区地下管网及附属物的源数据统计。

2. 建立统一的建模标准

基于《城市地下管线探测技术规程》（CJJ 61—2017）、《岩土工程信息模型技术标准》（DG/TJ 08—2278—2018），针对校园在设计、施工和运维阶段的不同需求，制定了《华理校园地下管线BIM建模数据规则》，从建模数据规则及技术标准、模型整合、模型数据交换以及模型应用等方面，对地下管网及周边附属物进行了定义和规定。

目前已完成建立徐汇校区的地下管网三维实体模型，统计完成9大类地下管网的长度及相应附属物。管线长度总计122329米，附属物7290个。

3. 搭建地下管网运维管理平台

基于 BIM+GIS+ 低代码的校园地下管网运维管理平台作为底层的业务支撑平台，在加载上述 BIM 地下管网及附属物信息模型后，可面向基建、后勤、保卫等部门提供多元化服务。结合目前的功能需求及开发周期，平台设置了 BIM&GIS 模型管理模块、运维管理模块和开放数据接口。模型管理模块以实现统计、分析和可视化功能为主。运维管理模块目前可以实现运维巡检管理及管网连通性分析，逐步实现运维业务规范化管理，并提高工作效率。

三、突出成效

地下管线数字化便于科学准确地摸清学校地下管线情况，方便管线运维和资料长期保存，同时可为相关改扩建、维修等项目提供有效的数据支撑。

1. 为学校决策规划和建设提供依据

通过 GIS+BIM 可视化的三维呈现，可以很直观地呈现地面建筑与地下管线的关系。通过可视化服务及三维立体分析，可以明晰开挖方案可能会影响的管网并寻求最佳方案，降低误操作导致的经济损失。

2. 提升管线管理水平，提升学校综合管理能力

通过数据分析功能，对例如水管爆管等情况第一时间做出分析报警，快速定位管线突发事故位置；可视化展现水流方向及爆管水管的开关阀门位置，帮助维护人员及时找到离其最近的开关阀门，提升校园整体地下管线应急维修响应效率。

3. 构建数字孪生校园底座

完成地下管网数字化模型相当于完成数字化校园建设的"底版图"。新建建筑及部分既有改造建筑的 BIM 模型可以同步导入平台，实现校园建筑信息"一张图"，提升数据的共享和高效利用能力。

4.探索管线系统和物联网结合,构建智慧校园

结合物联网、模式识别及智能管理系统,接入校园安防系统数据,实时获取火灾隐患等不安全行为,进行预警。并有效降低能源消耗,实现节能减排;做到在展示端以三维的方式展示能耗数据。

四、经验启示

高校地下管网,作为高校基础设施的经脉,承载着各种能源流、信息流,是高校赖以生存的"生命线",对校园的日常运行起着关键性作用。以地下管线数字化为契机,对于实现校园整体数字化具有里程碑意义。

通过本次地下管网运维管理平台建设从前期数据的收集、框架需求的讨论到后期持续维护,总结出了以下四条经验。

(1)物探的必要性。依靠现有的二维图纸和个人经验不足以保证数据的完整性和准确性。勘测排摸是地下管网数字化的必要工作,且耗时耗费较大,需要提前规划,有序推进。

(2)建立数据化标准。首先应梳理对不同类型管网的属性信息的需求,确保构件建模精度满足后续管理要求。同时建立数据化标准,可以确保任何来源的模型数据都可接入地下管线数字化管理数据库。

(3)管理模式应相应转变。地下管线数字化将实现管网全生命周期信息跟踪管理,同时要求各部门的协同工作,改以往独立、粗犷的管理模式为以数字化支撑的精细化管理模式。

(4)持续维护保障。地下管线数字化数据的维护和更新是非常重要的一个环节。要建立长期持续维护保障机制,确保数据的延续性。

BIM 技术在基本建设管理中的应用与探索
——以工程实践基地（二期）项目为例

北京科技大学

BIM 技术是以三维数字技术为基础，集成了建筑项目各种相关信息的工程数据模型，服务于建筑及设施的规划、设计、建造和后续运营的各个阶段。目前，BIM 技术在工程领域中的应用已非常广泛。

住房和城乡建设部发布的《"十四五"建筑业发展规划》中提出，加快推进建筑信息模型（BIM）技术在工程全寿命期的集成应用，健全数据交互和安全标准，强化设计、生产、施工各环节数字化协同，推动工程建设全过程数字化成果交付和应用。2025年，基本形成 BIM 技术框架和标准体系。

一、项目概况

北京科技大学工程实践基地（二期）（2# 实验楼）项目总建筑面积 14345 平方米，地下 2 层，地上 6 层，建筑高度 28.95 米。项目建成后将作为学生实习实践基地，为工程实践训练和创新实践提供平台。

项目在建设过程中积极推进施工 BIM 技术应用，在现场施工布置、工程技术、安全生产、质量管理等方面，均取得了良好的应用效果，为学校后续工程建设积累了经验。

二、BIM 技术应用举措及成效

1. 运用 BIM 技术进行狭小场地的施工布置及方案模拟

工程实践基地（二期）（2# 实验楼）项目位于北京科技大学校园内，紧邻教学楼，且需与已建工程实践基地（一期）实现对接，施工场地狭小且受周边环境制约较大。项目建设前采用 BIM 技术对拟建工程及周边环境进行整体建模，并以此为基础进行施工场地布置模拟。通过 BIM 模型及施工模拟，确定了工程支护主要施工工序及塔吊等大型机械设备的安拆方案。在整个施工周期内，校园内正常的教学及师生生活未受施工作业影响，实现了教学、施工零交叉的管控目标。

2. 运用 BIM 技术进行工程实体质量管理

项目建设前，按照各专业施工图进行 BIM 模型建立和碰撞检查，在图纸会审阶段发现各专业设计问题 40 余项，提前预判专业碰撞 280 余处。由设计单位结合全专业施工 BIM 综合模型完善相关设计，避免施工过程中出现专业冲突。

根据管线综合模型优化机电管线，辅助施工洞口预留预埋，提前进行技术交底，在结构施工阶段新增一次结构预留洞口 7 处、新增梁上预埋套管 7 处，避免了后期的拆改。

针对钢板剪力墙洞口预留，协调钢结构厂家深化加工一次成孔，确认设备预留洞空间位置，避免了现场钢板二次气割、开洞等情况。

运用 BIM 技术关键施工节点模型创建高清的构件爆炸图、做法层次图、结构图和渲染图，以效果图的形式充分展示施工细部节点，同时对空间三维分层、工程量精算、材料的真实材质效果等进行深度表达。可视化的方式使施工信息更加清晰明了，为施工人员提供更加真实、详细的施工节点。

运用 BIM 技术搭建虚拟样板间，弥补了实体样板间施工过程调整困难、费用高、建设周期长等缺陷。虚拟样板间的创建，使整个施工过程各工序充分展现，包括生产工艺、细部构造等。现场作业人员可随时通过移动端查看相关工序节点大样及施工工艺流程，高效保障现场施工质量，减少了作业占地空间，降低了施工成本。

3. 运用轻量化 BIM 模型促进参建各方沟通协调

BIM 技术应用的基础是 BIM 软件的应用，而常规的 BIM 软件对于计算机硬件配置要求较高，且不利于进行现场使用。通过采用轻量化 BIM 模型，参建各方均可实现在移动端查看 BIM 模型，从而实现技术问题沟通讨论的可视化、便利化。此项技术的应用为后续工程建设应用提供了新的管理和沟通的途径。

4. 运用 BIM 技术提升基建管理人员业务技能

一是通过工程实践基地（二期）（2# 实验楼）BIM 技术应用，开拓了学校基建管理人员的管理思路，实现了与行业发展前沿现状的对接。二是工程建设中组织学校相关专业的师生走进施工现场实地观摩 BIM 技术，并通过与施工、设计及监理单位 BIM 技术应用探讨，激发了学生们对工程建设领域新技术的兴趣。三是学校基建管理人员从开始了解 BIM、学习研究 BIM 到应用掌握 BIM 技术，为后续基建项目智能化管理打下了基础。

三、BIM 技术应用的发展思考

在 BIM 技术应用的过程中，我们也发现一些亟待解决的问题，如 BIM 建模软件国产化程度不够、软件及数据不兼容、技术标准不统一、从业人员专业不对口等，致使全周期 BIM 应用率较低，极大地制约了 BIM 应用。

为了进一步提升学校基本建设科学化管理水平，充分发挥 BIM 技术优势，提高建设效率，降低建设成本，将从以下几个方面推进项目建设全周期 BIM 技术应用，提升智能化管理水平。

一是在设计、施工招标采购时，对 BIM 技术配备提出明确要求。在 BIM 技术标准、软件配备及兼容性等方面制定统一标准，严格控制设计、施工阶段 BIM 模型精准度，提高 BIM 模型的建模质量。

二是加强施工图纸和 BIM 模型质量的审核。聘请行业专家外审，对设计图纸和模型进行针对性专业审核，避免设计阶段和施工阶段 BIM 模型脱节。

三是要求参建单位配备相应的 BIM 专业技术人员，搭建统一平台、统一标准，确保参建单位专业人员沟通快速有效。

四是做好相关信息的收集整理，及时更新 BIM 模型，为工程交付运行提供数据支撑及保障。

五是将 BIM 技术运用于运行维护管理，降低运行维护成本。